תלמוד תורה דלונדון

סיום ספר בראשית
כתה ד׳
תמוז תש״פ

דָאס בּוּךְ בַּאלַאנְגְט פַּאר:

....

RABBI AMRAM OPMAN
OFFICIAL JUDGE OF THE EIDAH HACHAREIDIT
5 RABBEINU GERSHOM STREET
TEL: 02-5821998
JERUSALEM
E. ISRAEL

עמרם אופמאן
מו"צ העדה החרדית
ור"מ בישיבת שער השמים
מו"ל ספרי המגיד הק' מקודניץ עם ביאור פתילת ישראל
רבינו גרשום 5 טל': 02-5821998
פעיה"ק ירושלם תובב"א

ב"ה ג' אלול תשע"ט לפ"ק
הובא לפני ספר קריאה לבני הנעורים בשפה המדוברת
שפת אידיש בתיבות ספרים הבהיים ונקרא בשם
צי א מענטש והוא נכתב ע"י אשה יראת אלוקים
ומחברת הספר לעבור עליו מהחל ועד כלה
ונוכחתי שהוא ספר נפלא לחנך את בני הנעורים דרך ארץ
ומדות טובות ונכתב בלשון נקיה כפי רוח ומסורת [illegible]
ונלווה בציורים הראויים ליכנס לכל בית ישראל
ובפרט בזמנינו אשר מרבים [illegible] המביאה לידי
[illegible] אשר על כן אף ידי תכון עמהם להרבות יראת שמים והשקפה נכונה והם בכלל מזכי הרבים [illegible]

הכו"ח למען חינוך בני הנעורים
עמרם אופמאן

זײַ אַ
מענטש!

דֶרֶךְ אֶרֶץ
און מֶענְטְשְׁלִיכֶע
בַּאנֶעמוּנְגֶען
עַל פִּי תּוֹרָה

פון: ג. קראהן / בילדער: א. כהן

הוצאת ספרים פלדהיים

צי א מענטש!

ISBN 978-1-68025-417-4

הוצאת ספרים פלדהיים
ת"ד 43163 ירושלים 91431

FELDHEIM PUBLISHERS
POB 43163 / Jerusalem, Israel

208 Airport Executive Park
Nanuet, NY 10954
www.feldheim.com

Distributed in Europe by:
LEHMANNS
+44-0-191-430-0333
info@lehmanns.co.uk
www.lehmanns.co.uk

Distributed in Australia by:
GOLDS WORLD OF JUDAICA
+613 95278775
info@golds.com.au
www.golds.com.au

תרגאיבערגעזעצט: הרב יואל הלוי יונגרייז
נקודות: ר. יונגרייז
אויסשטעל: מיכאל סילברשטיין

Printed in E. Israel

לעלוי נשמות

הרב **אברהם זעליג** בן
הרב חנוך העניך ז"ל

מרת **הינדא** בת
ר' **פסח יוסף** ע"ה

הרב **אליעזר** בן
ר' **אפרים ברוך הלוי** ז"ל

מרת **איידל** בת
ר' חיים ע"ה

ת. נ. צ. ב. ה.

טייערע עלטערן

מיט גרויס פרייד טו איך פארשטעלן פאר אייך דעם בוך פאר קינדער אויף דרך ארץ און מענטשליכע באנעמונגען על פי תורה. דאס איז געווארן צוזאמגעשטעלט באזירט אויף פילע יארן ערפארונג אין חינוך, מיטהאלטנדיג פון דער נאנט די אויפפירונג פון מיינע תלמידות און קינדער.

אלס עלטערן און מחנכים, פרובירן מיר אז די קינדער זאלן איינזאפן די מידות טובות און כללים אין דרך ארץ וואס מיר לערנען מיט זיי. מיר האפן אז זיי וועלן נאכפאלגן אונזערע דרכים פון זיך אליין און אויסוואקסן ערליכע אידן צו ג-ט און צו לייט. אבער מיט די יארן האב איך איינגעזען אז פאר מערערע קינדער (אפילו פון די בעסטע שטיבער) פעלט געוויסע מענטשליכע באנעמונגען און זיי האבן א מאנגל אין דרך ארץ.

דאס בוך איז אייגנטליך צוזאמגעשטעלט געווארן פאר מיינע תלמידות און קינדער, און איך האלט אז דאס זענען די יסודות'דיגסטע כללים אין דרך ארץ וואס א קינד דארף ארייננעמען אין זיך און מיטנעמען אויפ'ן גאנצן לעבן. רוב פון די ביישפילן אין דעם בוך זענען גענומען פון דעם פאקטישן לעבן.

איך פרוביר כסדר אויסצושפילן פאר מיינע קינדער און תלמידות די בילדער און סצענעס וואס ווערן געשילדערט אין דעם בוך. איך הייס די קינדער זאלן זיך פארשטעלן ווי אזוי זיי וואלטן געפילט אויב די זאכן וואלטן פאסירט ביי זיי, און ווי אזוי זיי וואלטן רעאגירט, און מיר מאכן א שמועס דערוועגן. איך האב ב"ה געזען וואונדערליכע רעזולטאטן, און איך האב באשלאסן עס צו דרוקן אין א שיינע בוך מיט בילדער כדי אנדערע זאלן אויך געניסן.

איך זאג כסדר אן מיינע תלמידות אז זיי זאלן מיטיילן ווי אזוי זייערע אויפפירונגען האבן זיך געטוישט א דאנק אונזערע שמועסן. איין טאג, נאכדעם וואס א תלמידה פון די שולע איז געווארן אויסגע'מוסר'ט דורך די מנהלת ברבים, פארנט פון די גאנצע שולע, האט א מיידל אין דריטע קלאס אויפגעהויבן איר האנט, און דערציילט אז נעכטן, בשעת דאס מיידל איז געווארן אויסגע'מוסר'ט, האט זי זיך איינגעהאלטן און זיך נישט אויסגעדרייט קוקן ווער דאס מיידל איז, און זי וויסט נאכאלץ נישט ווער דאס איז. איך האב געשטוינט ווי א קליין אכט יעריג קינד קען ארויסווייזן אזא שטארקייט און עמפינדליכקייט צו א צווייטנס געפילן.

מערערע ענינים וואס ווערן דערמאנט אין דעם בוך האבן מקורות אין די תורה און אין חז"ל. אנדערע זאכן זענען פשוט'ע שכל'דיגע זאכן וואס נישט יעדער כאפט אויף פון זיך אליין. טייל זאכן זענען נישט תורה מסיני, און זענען געבויט אויף מיינע פריוואטע מיינונגען. איר מעגט האבן אן אנדער מיינונג, און דאס איז נישט קיין פראבלעם. דער ציל פון דעם בוך איז אז מען זאל רעדן דערוועגן מיט די קינדער, און זיי זאלן אנטוויקלען א חוש זיך רעכענען מיט א צווייטן מענטש.

דאס בוך איז נישט געמאכט דורכצולייענען פון דעקל צו דעקל אין איין טאג; מען זאל דאס ענדערש דורכליינען צוביסלעך, יעדן טאג א בלאט-צוויי. כדי ארויסצונעמען די מאקסימום פון דעם בוך, און די קינדער זאלן גוט ארייננעמען די געדאנקען פון דעם בוך, איז נישט גענוג אז מען זאל בלויז ליינען די ווערטער, נאר מען זאל מאכן א שמועס דערוועגן און פארברענגען מיט די קינדער דערויף.

איך וועל מודה זיין אז דאס ארויסגעבן דעם בוך מאכט מיר אביסל אנגעצויגן. איך ווייס אז מענטשן וועלן אנהייבן באטראכטן מיין משפחה אונטער א פארגרעסערונג גלאז, ערווארטנדיג אז מיר זאלן זיך אויפפירן גענוי ווי עס שטייט אין דעם בוך. איך וויל דעריבער קלארשטעלן אז איך האלט נישט אז מיינע קינדער אדער תלמידות, אדער אפילו איך אליין, פיר זיך טאקע אויף ריכטיג אין אלע אומשטענדן. א גאנץ לעבן דארף מען ארבעטן אויף זיך, און מען קען קיינמאל נישט זאגן אז מען האט שוין דערגרייכט א הונדערט פראצענטיגע שלימות. אבער מען מוז כאטש האבן א ציל, און איך קען זאגן אז אונזער ציל איז צו ערגרייכן אלע מידות טובות וואס ווערן דערמאנט אין דעם בוך.

איך האף צום באשעפער אז דאס בוך וועט זיין א הילף פאר קינדער איבעראל צו ארבעטן אויף זייערע מידות טובות און דרך ארץ, און יעדעס אידיש קינד וועט מאכן א קידוש השם וואו אימער זיי גייען.

ג. קראהן

טַייעֶרֶע קִינְדֶער!

וֶוען אִיר לֵיינְט דִי בֵּיישְׁפִּילְן אִין דֶעם בּוּך אִיז גְרִינְג צוּ טֵייטְלֶען מִיטְ'ן פִינְגֶער אוֹיף אַ צְוֵייטְן אוּן זָאגְן, "אִיך קֶען אֵיינֶעם וָואס וָואלְט גֶעדַארְפְט לֵיינֶען דֶעם בּוּך כְּדֵי זִיך אוֹיסְצוּלֶערְנֶען וִוי אַזוֹי זִיך צוּ פִירְן." אָבֶּער דָאס אִיז נִישְׁט דֶער צִיל פוּן דֶעם בּוּך.

דָאס בּוּך אִיז גֶעמַאכְט פַאר דִיר. קֵיינֶער אִיז נִישְׁט פֶערְפֶעקְט. מִיט אַלֶע דַיינֶע גֶעוַואלְדִיגֶע מַעֲלוֹת אוּן מִידוֹת טוֹבוֹת, הָאסְטוּ נָאךְ צוּ אַרְבֶּעטְן אוֹיף דִיר, וַוייל יֶעדֶער אֵיינְצִיגֶער מֶענְטְשׁ אוֹיף דֶער וֶועלְט הָאט עֶפֶּעס זִיך צוּ מַשְׁלִים זַיין אוּן אוֹיסְאַרְבֶּעטְן דִי מִידוֹת. זָארְג דִיךְ נִישְׁט צוּ פַארְרִיכְטְן אַנְדֶערֶע מֶענְטְשְׁן. טְרַאכְט נָאר אִיבֶּער וָואס דוּ דַארְפְסְט פַארְרִיכְטְן בַּיי זִיך.

מִיטְ'ן אוֹיבֶּערְשְׁטְנְ'ס הִילְף זָאלְסְטוּ זוֹכֶה זַיין אַיינְצוּזַאפְּן אִין זִיך דִי הֶערְלִיכֶע מִידוֹת טוֹבוֹת אוּן בְּרֶענְגֶען נַחַת פַאר דַיינֶע עֶלְטֶערְן אוּן פַאר גַאנְץ כְּלַל יִשְׂרָאֵל.

הָאבּ הֲנָאָה!

דִי אַרוֹיסְגֶעבֶּערִין

תֹּכֶן הָעִנְיָנִים

עֶרְשְׁטֶער טֵייל:
מֶענְטְשְׁלִיכֶע בַּאצִיאוּנְגֶען

צְוֵויטֶער טֵייל:
רְדִיפוֹת אוּן אוֹנָאַת דְבָרִים

אַרַיינְפִּיר

אַ גוֹי אִיז אַמָאל גֶעקוּמֶען צוּ דֶעם גְרוֹיסְן תַּנָא שַׁמַאי אוּן אִים גֶעבֶּעטְן, "רֶבִּי, לֶערְן מִיט מִיר דִי גַאנְצֶע תּוֹרָה בִּשְׁעַת אִיך שְׁטֵיי אוֹיף אֵיין פוּס."

"אִיך קֶען נִישְׁט אַזוֹי לֶערְנֶען תּוֹרָה מִיט דִיר." הָאט שַׁמַאי אִים אָפְּגֶעעֶנְטְפֶערְט. "גֵיי אַוֶועק."

דֶער גוֹי הָאט אָבֶּער נִישְׁט אוֹיפְגֶעגֶעבְּן, אוּן אִיז גֶעגַאנְגֶען צוּ דֶעם גְרוֹיסְן תַּנָא הִלֵל אוּן אִים גֶעבֶּעטְן, "רֶבִּי, לֶערְן מִיט מִיר דִי גַאנְצֶע תּוֹרָה בִּשְׁעַת אִיך שְׁטֵיי אוֹיף אֵיין פוּס."

הִלֵל הָאט גֶעוואוּסְט פוּנְקְט ווִי שַׁמַאי אַז דִי תּוֹרָה אִיז צוּ גְרוֹיס אוּן קָאמְפְּלִיצִירְט צוּ קֶענֶען אוֹיסְלֶערְנֶען בִּשְׁעַת דֶער גוֹי שְׁטֵייט אוֹיף אֵיין פוּס. עֶר הָאט אָבֶּער גֶעעֶנְטְפֶערְט: "דֶער עִיקָר פוּן דִי תּוֹרָה אִיז אֵיין זַאךְ: וָואס דוּ ווִילְסְט מֶען זָאל נִישְׁט טוּן פַאר דִיר, טוּ נִישְׁט פַאר אַ צְוֵוייטְן. דִי אִיבְּרִיגֶע אִיז בְּלוֹיז אַ פֵּירוּשׁ דֶערוֹיף. יֶעצְט קֶענְסְטוּ גֵיין לֶערְנֶען דִי גַאנְצֶע תּוֹרָה."

דֶער גוֹי הָאט גָאר שְׁטַארְק הֲנָאָה גֶעהַאט פוּן וָואס עֶר הָאט גֶעהֶערְט אוּן עֶר הָאט זִיך גֶעזֶעצְט לֶערְנֶען, בִּיז עֶר אִיז גֶעוָוארְן אַ גֵר.

(שַׁבָּת לא, ע"א)

יֶעדֶער אֵיינֶער ווִיל זִיך אוֹיפְפִירְן ווִי עֶס דַארְף צוּ זַיין אוּן טוּן וָואס אִיז רִיכְטִיג. פוּן דִי וֶוערְטֶער פוּן דֶעם גְרוֹיסְן תַּנָא הִלֵל לֶערְנֶען מִיר אַז דֶער סוֹד צוּ דִי גַאנְצֶע תּוֹרָה אוּן צוּ אַלֶע מִידוֹת טוֹבוֹת אִיז אֵיין פָּשׁוּטֶ'ער כְּלַל: פִּיר דִיךְ אוֹיף צוּ מֶענְטְשְׁן אַזוֹי ווִי דוּ ווִילְסְט מֶען זָאל זִיך אוֹיפְפִירְן צוּ דִיר.
אֵיידֶער דוּ זָאגְסְט עֶפֶּעס פַאר אֵיינֶעם, שְׁטֶעל דִיךְ אַרַיין אִין יֶענֶעמְ'ס שִׁיךְ, אוּן טְרַאכְט אוֹיבּ דוּ וָואלְסְט הֲנָאָה גֶעהַאט דָאס צוּ הֶערְן פוּן אַ צְוֵוייטְן. וָואלְסְטוּ גֶעוָואלְט מֶען זָאל דִיר זָאגְן אַזַא זַאךְ? וָואלְסְטוּ גֶעוָואלְט מֶען זָאל זִיך אוֹיפְפִירְן צוּ דִיר אַזוֹי? אוֹיבּ דֶער עֶנְטְפֶער אִיז יָא, קֶענְסְטוּ דָאס זָאגְן. אוֹיבּ נִישְׁט, הַאלְט דִיךְ אַיין פוּן עֶס זָאגְן. פִּיר דִיךְ אוֹיף צוּ אַנְדֶערֶע פוּנְקְט ווִי דוּ ווִילְסְט מֶען זָאל זִיך אוֹיפְפִירְן צוּ דִיר.

עֶרְשְׁטֶער טֵייל

מֶענְטְשְׁלִיכֶע בַּאצִיאוּנְגֶען

נִישְׁט קוּקְן וֶוען יֶענֶער
וֶוערְט פַארְשֶׁעמְט

דִי תְּפִילִין שֶׁל יַד וָואס מֶען טְרָאגְט אוֹיפְ'ן אָרֶעם הָאט אוֹיף זִיךְ אַ שְׁוַוארְצֶע קֶעסְטְל וָואס דֶעקְט עֶס צוּ. צוּמָאל פַּאסִירְט אַז דֶער דֶעקְל וֶוערְט לוֹיז אוּן עֶס גְלִיטְשְׁט זִיךְ אַרָאפּ פוּן דִי תְּפִילִין אוּן עֶס פַאלְט אַרָאפּ.

אַ חָשׁוּבֶ'ער רָב הָאט אַמָאל גֶעדַאוְונְט אִין בֵּית הַמֶדְרָשׁ, אוּן מִיטְאַמָאל אִיז אֵיינֶעמְ'ס דֶעקְל פוּן דִי תְּפִילִין אַרָאפְּגֶעפַאלְן אוֹיף דֶער עֶרְד, אוּן עֶס הָאט גֶעמַאכְט אַ הוֹיכֶער גֶערוּדֶער. דֶער גַאנְצֶער עוֹלָם הָאט זִיךְ אוֹיסְגֶעדְרֵייט קוּקְן וָואס הָאט פַּאסִירְט, אוֹיסֶער דֶער רָב, וֶועלְכֶער הָאט בַּאלְד אַוֶועקְגֶעדְרֵייט זַיין קָאפּ אִין דֶעם פַארְקֶערְטְן רִיכְטוּנְג.

שְׁפֶּעטֶער הָאט דֶער רָב עֶרְקְלֶערְט פַאר זַיין זוּן: "חֲזַ"ל לֶערְנֶען אוּנְז אַז מֶען טָאר נִישְׁט קוּקְן אוֹיף אַ מֶענְטְשׁ **בִּשְׁעַת קַלְקָלָתוֹ** – וֶוען עֶר וֶוערְט פַארְשֶׁעמְט. דֶערְפַאר, וֶוען יֶעדֶער אֵיינֶער הָאט זִיךְ אוֹיסְגֶעדְרֵייט קוּקְן אוֹיף דֶעם מֶענְטְשׁ וָואס הָאט גֶעמַאכְט דֶעם גֶערוּדֶער, הָאבּ אִיךְ זִיךְ אַוֶועקְגֶעדְרֵייט אוֹיף דִי פַארְקֶערְטֶע זַייט."

וֶוען אַן אוּמְאַנְגֶענֶעמֶע פַּאסִירוּנְג גֶעשֶׁעט צוּ אַ מֶענְטְשׁ, הָאפְט עֶר אַז קֵיינֶער וֶועט אִים נִישְׁט בַּאמֶערְקְן. וָואס זָאל מֶען טוּן וֶוען מֶען זֶעט אַז אֵיינֶער גֶעפִינְט זִיךְ אִין אַן אוּמְאַנְגֶענֶעמֶען מַצָּב?

דִי נַאטוּרְלִיכֶע רֶעאַקְצִיֶע אִיז זִיךְ אוֹיסְצוּדְרַייעֶן אוּן קוּקְן וָואס הָאט דָא פַּאסִירְט, אָבֶּער דָאס מַאכְט אַז דֶער מֶענְטְשׁ זָאל נָאכְמֶער פַארְשֶׁעמְט וֶוערְן. מֶען דַארְף זִיךְ לֶערְנֶען זִיךְ אַיינְצוּהַאלְטְן פוּן אַהִינְקוּקְן בִּשְׁעַת אֵיינֶער גֵייט דוּרְךְ אַן אוּמְאַנְגֶענֶעמֶע פַּאסִירוּנְג. אוּן מֶען טָאר אִים זִיכֶער נִישְׁט בַּאטְרַאכְטְן אָדֶער לַאכְן פוּן אִים. צוּמָאל וֶועט דֶער מֶענְטְשׁ אַלֵיין לַאכְן פַארְשֶׁעמְטֶערְהֵייט. אָבֶּער מֶען טָאר נִישְׁט מִיטְלַאכְן מִיט אִים.

יְעדֶער מַאכְט אַמָאל אַ טָעוּת פוּן וָואס מֶען פַארְשֶׁעמְט זִיךְ. מֶען טָאר נִישְׁט לַאכְן. מֶען דַארְף אִיגְנָארִירְן דֶעם טָעוּת אוּן זִיךְ מַאכְן כְּאִילוּ עֶס וָואלְט קֵיינְמָאל נִישְׁט פַּאסִירְט.

פָאלְגְנְד זֶענֶען עֶטְלִיכֶע דוּגְמָאוֹת פוּן אוּמְאַנְגֶענֶעמֶע טָעוּתִים. וִוי אַזוֹי וָואלְטְסְטוּ זִיךְ אוֹיפְגֶעפִירְט וֶוען דוּ וָואלְסְט גֶעוֶוען דֶערְבַּיי?

דִי גַאנְצֶע קְלַאס דַאוְונְט אוּן אֵיין קִינְד הֵייבְּט אָן זָאגְן הוֹיךְ דִי אוּמְרִיכְטִיגֶע שְׁטִיקְל.

מַאךְ זִיךְ נִישְׁט ווִיסְנְדִיג אוּן דַאוְון וַוייטֶער.

אַ קִינְד אִין קְלַאס פַאלְט אַרָאפּ פוּן זַיין בֶּענְקְל.

פְרוּבִּיר נִישְׁט צוּ קוּקְן (אוֹיסֶער אוֹיבּ מְ'דַארְף אִים הֶעלְפְן זִיךְ אוֹיפְשְׁטֶעלְן), אוּן אַוַדַאי זָאלְסְטוּ נִישְׁט לַאכְן.

דִי לֶערֶערִין רוּפְט אַרוֹיף אֵיין קִינְד צוּ עֶנְטְפֶערְן אַ שְׁאֵלָה. דָאס קִינְד פְרוּבִּירְט זִיךְ צוּ דֶערְמַאנֶען דֶעם עֶנְטְפֶער בִּשְׁעַת עֶס אִיז שְׁטִיל אִין דֶעם גַאנְצְן קְלַאס.

דְרֵיי זִיךְ נִישְׁט אוֹיס צוּ קוּקְן אוֹיף אִים. אוֹיבּ דוּ וֶועסְט אִים אָנְקוּקְן וֶועט אִים דָאס מַאכְן נָאכְמֶער אָנְגֶעצוֹיגְן אוּן עֶר וֶועט וֶוערְן זֵייעֶר פַארְשֶׁעמְט. אוֹיךְ זָאלְסְטוּ נִישְׁט אוֹיפְהֵייבְּן דַיין הַאנְט אוּן זִיךְ אָנרוּפְן: "אִיךְ וֵוייס דֶעם עֶנְטְפֶער!", וַוייל דָאס וֶועט אִים מַאכְן פִילְן נָאךְ עֶרְגֶער.

מֶען פִירְט אַרַיין דַיין שָׁכֵן אִין אַן אַמְבּוּלַאנְס.

בַּאטְרַאכְט אִים נִישְׁט אוּן אַוַדַאי לוֹיף נִישְׁט אַהִין צוּצוּקוּקְן דֶעם מַצָב. אַנְשְׁטָאט דֶעם זָאלְסְטוּ זָאגְן אַ קַאפִּיטְל תְּהִלִים אוּן מִתְפַּלֵל זַיין אַז דֶער אִיד זָאל הָאבְּן אַ רְפוּאָה שְׁלֵימָה.

דֶער מְנַהֵל רֶעדְט שְׁטְרֶענְג צוּ אַ קִינְד אִין קָארִידָאר.

פְרוּבִּיר זִיךְ נִישְׁט צוּצוּהֶערְן אָדֶער אִים בַּאטְרַאכְטְן, אֲפִילוּ דוּ בִּיסְט נַייגֶערִיג. גֵיי שְׁנֶעל אַרַיין אִין אַן אַנְדֶערֶע קְלַאס אָדֶער גֵיי זַיי אַרִיבֶּער וִוי שְׁנֶעל דוּ קֶענְסְט.

דוּ זֶעסְט וִוי מֶען פִירְט אֵיינֶעם אִין אַ רֶעדֶער-שְׁטוּל (ווִילְטְשֶׁעיר).

שְׁמֵייכְל צוּ יֶענֶעם אוּן בַּאגְרִיס אִים אוּן גֵיי וַוייטֶער. וַוייז אִים אַז דוּ שְׁפִּירְסְט זִיךְ נִישְׁט אוּמְבַּאקְוֶועם צוּ זַיין אַרוּם אִים. בַּאטְרַאכְט נִישְׁט קַיין שׁוּם חֵלֶק פוּן זַיין קֶערְפֶּער. אוֹיבּ עֶר דַארְף הִילְף, פְרוּבִּיר צוּ זֶען וָואס דוּ קֶענְסְט טוּן פַאר אִים.

קֶענְסְטוּ טְרַאכְטְן פוּן אַ מַצָב אִין וֶועלְכְן דוּ וָואלְסְט גֶעוָואלְט אַז אֵיינֶער זָאל דִירְ זָאגְן עֶפֶּעס כְּדֵי דוּ זָאלְסְט נִישְׁט פַארְשֶׁעמְט וֶוערְן? (צוּם בַּיישְׁפִּיל: דַיין פָּנִים אִיז שְׁמוּצִיג, דַיין קְנֶעפְל אִיז אָפְן, אוּן אַזוֹי וַוייטֶער). קוּמֶענְדִיגֶע בְּלַאט וֶועסְטוּ זֶען בֵּיישְׁפִּילְן וִוי אַזוֹי צוּ פַארְמַיידְן אַ צְוֵוייטְן פוּן הָאבְּן בּוּשׁוֹת

פְּרוּבִּיר צוּ רַאטֶעוֶועןאַנְדֶערֶע מֶענְטְשְׁן פוּן בּוּשׁוֹת!

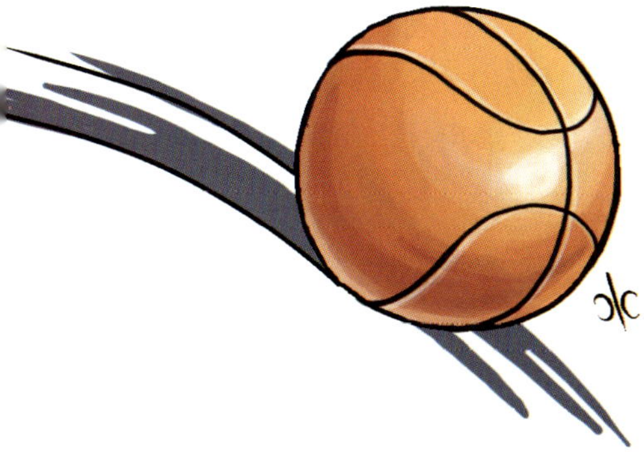

צְוֵויי מַחֲנוֹת

אַ רָב הָאט אַמָאל בַּאזוּכְט אִין אַן אַנְדֶער שְׁטָאט. דִי רָאשֵׁי הַקְהִילָה הָאבְּן אִים גֶענוּמֶען אוֹיף אַ בַּאזוּך אִין דָארְטִיגְן חֵדֶר. קוֹדֶם הָאבְּן זֵיי אִים גֶעוִויזְן דִי קְלַאסְן וואוּ עֶס זֶענֶען גֶעזֶעסְן יוּנְגֶלֶעך אוּן גֶעלֶערְנְט תּוֹרָה מִיט גְרוֹיס הַתְמָדָה. דֶערְנָאךְ הָאבְּן זֵיי אִים גֶעוִויזְן דֶעם הוֹיף וואוּ דִי קִינְדֶער הָאבְּן גֶעשְׁפִּילְט צוּזַאמֶען.

וֶוען דֶער רָב אִיז צוּרִיק אַרַיינְגֶעקוּמֶען אִין חֵדֶר הָאט עֶר אוֹיסְגֶעזֶען זֵייעֶר צוּשְׁטוּרֶעמְט. "אַ שְׁרֶעקְלִיכֶע זַאךְ הָאט יֶעצְט פַּאסִירְט," הָאט עֶר אוֹיסְגֶערוּפְן. "אַ קִינְד אִיז גֶע'הַרְגֶ'עט גֶעוָוארְן אִין הוֹיף!"

דֶער גַאנְצֶער עוֹלָם אִיז גֶעוָוארְן שָׁאקִירְט אוּן אִיז גֶעוֶוען אִינְגַאנְצְן צֶעמִישְׁט. וִוי אַזוֹי קֶען דָאס זַיין?! זֵיי זֶענֶען דָאךְ אַלֶע גֶעשְׁטַאנֶען דָארְט נֶעבְּן דֶעם רָב אוּן זֵיי הָאבְּן גָארְנִישְׁט גֶעזֶען!

אוּן דֶער רָב הָאט מַסְבִּיר גֶעוֶוען:

"דִי קִינְדֶער הָאבְּן זִיךְ אַיינְגֶעטֵיילְט אִין צְוֵויי מַחֲנוֹת צוּ שְׁפִּילְן אַ גֶעוִויסֶע שְׁפִּיל, אוּן יֶעדֶע מַחֲנֶה הָאט גֶעהַאט אַ קַאפִּיטַאן וָואס הָאט אָנְגֶעפִירְט זֵייעֶר זַייט. אָבֶּער עֶס אִיז גֶעוֶוען אֵיין יוּנְגל וָואס אִיז גֶעבְּלִיבְּן אִינְדְרוֹיסְן. קֵיין אֵיין מַחֲנֶה הָאט אִים נִישְׁט גֶעוָואלְט אוֹיף זֵייעֶר זַייט. דֶער קַאפִּיטַאן פוּן דִי עֶרְשְׁטֶע מַחֲנֶה הָאט גֶעשְׁרִיגְן: "דוּ נֶעם אִים!" אוּן דֶער צְוֵוייטֶער קַאפִּיטַאן הָאט גֶעשְׁרִיגְן: "נֵיין! דוּ נֶעם אִים!" אַזוֹי הָאבְּן זֵיי זִיךְ גֶע'טַעֲנֶה'ט אַהִין אוּן צוּרִיק פָארְנְט פוּן אַלֶע קִינְדֶער, בִּיז אֵיין קַאפִּיטַאן הָאט עֶנְדְלִיךְ מַסְכִּים גֶעוֶוען אִים אַרַיינְצוּנֶעמֶען. דִי גַאנְצֶע צַייט אִיז דֶער יוּנְגל גֶעשְׁטַאנֶען פַארְשֶׁעמְט אוּן פַארְוֵוייטָאגְט אַז קֵיינֶער ווִיל אִים נִישְׁט."

יֶעצְט הָאבְּן שׁוֹין דִי רָאשֵׁי קְהִילָה פַארְשְׁטַאנֶען פוּן וָואס דֶער רָב רֶעדְט. דֶער רָב הָאט פָארְגֶעזֶעצְט:
"**אוּנְזֶערֶע חֲכָמִים לֶערְנֶען אוּנְז: הַמַלְבִּין פְּנֵי חֲבֵירוֹ בָּרַבִּים כְּאִילוּ שׁוֹפֵךְ דָמִים** (בָּבָא מְצִיעָא נח, ע"ב).
אוֹיבּ אֵיינֶער פַארְשֶׁעמְט אַ צְוֵוייטְן אִיד בְּרַבִּים אִיז דָאס כְּאִילוּ עֶר וָואלְט אִים גֶע'הַרְגֶ'עט. בִּשְׁעַת דֶער יוּנְגל אִיז גֶעוָוארְן פַארְשֶׁעמְט אִיז דָאס פּוּנְקְט וִוי מֶען וָואלְט אִים גֶע'הַרְגֶ'עט!"

(גֶעהֶערְט פוּן הָרַב דָנִיאֵל פְרַאנְק)

אוֹיבּ פַארְשֶׁעמֶען אַ צְוֵוייטְן אִיז פּוּנְקְט וִוי מֶען וָואלְט אִים גֶע'הַרְגֶ'עט, קוּמְט אוֹיס אַז אוֹיבּ מֶען רַאטֶעוֶועט אֵיינֶעם פוּן בּוּשָׁה אִיז דָאס פּוּנְקְט וִוי מֶען וָואלְט גֶערַאטֶעוֶועט זַיין לֶעבְּן. מֶען דַארְף שְׁטֶענְדִיג זַיין פָארְזִיכְטִיג אַז אַ צְוֵוייטֶער זָאל נִישְׁט לַיידְן קֵיין בּוּשָׁה.

פְרַאגֶע: **וֶוען דִי קִינְדֶער טֵיילְן זִיךְ אֵיין אִין גְרוּפֶּעס, וִוי אַזוֹי קֶען מֶען זִיכֶער מַאכְן אַז קֵיינֶער וֶוערְט נִישְׁט פַארְשֶׁעמְט דוּרְךְ בְּלַייבְּן דֶער לֶעצְטֶער?**

עֶנְטְפֶער: דִי אָנְפִירֶערְס פוּן דִי גְרוּפֶּעס קֶענֶען זִיךְ אָפְּשְׁמוּעסְן אִין דֶער זַייט וִוי אַזוֹי זִיךְ צוּ אַיינְטֵיילְן, אוּן דֶערְנָאךְ קֶענֶען זֵיי אוֹיסְרוּפְן דִי נֶעמֶען אַזוֹי אַז קֵיינֶער וֵוייסְט נִישְׁט וֶוער עֶס אִיז גֶעוָוארְן אוֹיסְגֶעוֶועלְט פְרִיעֶר אָדֶער שְׁפֶּעטֶער.

אוֹיבּ דוּ טוּסְט אֵיינֶעם וֵויי בְּטָעוּת

עֶס שְׁטֵייט אִין דֶער מִשְׁנָה (בָּבָא קַמָּא כו, ע"א):
"אָדָם מוּעָד לְעוֹלָם – אַ מֶענְטְשׁ אִיז שְׁטֶענְדִיג פַּארְאַנְטְוָוארְטְלִיךְ אוֹיף דִי שָׁאדְן וָואס עֶר מַאכְט."

(זֶע אוֹיךְ: שׁוּלְחָן עָרוּךְ, חוֹשֶׁן מִשְׁפָּט סִימָן שע"ח, סְעִיף א')

פְרַאגֶע: וָואס אִיז נִישְׁט גוּט מִיט דִי רֶעאַקְצִיֶע פוּן דֶעם יוּנְגְל וָואס זַיין בּוּךְ הָאט אַרַיינְגֶעהַאקְט אִין אַ צְוֵוייטְן יוּנְגְל?

עֶנְטְפֶער: אוֹיבּ אַ מֶענְטְשׁ טוּט וֵויי אַ צְוֵוייטְן, אֲפִילוּ בְּטָעוּת, אִיז עֶר פַארְאַנְטְוָוארְטְלִיךְ דֶערוֹיף וַוייל עֶר וָואלְט גֶעדַארְפְט זַיין מֶער פָארְזִיכְטִיג. דָאס קִינְד וָואס הָאט וֵויי גֶעטוּן אַ צְוֵוייטְן מִיט זַיין בּוּךְ וָואלְט זִיךְ גֶעדַארְפְט אַנְטְשׁוּלְדִיגְן פַאר יֶענֶעם.

זַיי מִיר מוֹחֵל אַז אִיךְ הָאבּ דִיר וֵויי גֶעטוּן. דוּ שְׁפִּירְסְט זִיךְ גוּט?
עֶס אִיז נִישְׁט מַיין שׁוּלְד אַז דֶער בָּאל אִיז גֶעפַאלְן אוֹיף אִיר. זִי וָואלְט גֶעדַארְפְט זַיין מֶער פָּארְזִיכְטִיג.

אַנְטְשׁוּלְדִיגְט! אִיךְ הָאבּ דִיר וֵויי גֶעטוּן?

אוֹיבּ אֵיינֶער הָאט דִיר בְּטָעוּת וֵויי גֶעטוּן

אַ חָשׁוּבֶ'ער רָב הָאט גֶעהַאט אַ תַּלְמִיד ווֶעלכֶער הָאט גֶעהַאט אַ קַאר אוּן עֶר פְלֶעגְט אִים טְרָאגְן אִיבֶּערָאל וואוּ עֶר הָאט גֶעדַארְפְט אָנְקוּמֶען. אֵיין טָאג אִיז דֶער תַּלְמִיד גֶעקוּמֶען צוּ דֶעם רָב אִינְדֶערְפְרִי אִים צוּ בְּרֶענְגֶען אִין יְשִׁיבָה. דֶער רָב הָאט זִיךְ אַרַיינְגֶעזֶעצְט אִין קַאר אוּן דֶער תַּלְמִיד הָאט צוּגֶעמַאכְט דֶעם טִיר אוּן אָפְּגֶעפִירְט דֶעם רָב צוּם יְשִׁיבָה. ווֶען מֶען אִיז אָנְגֶעקוּמֶען הָאט דֶער רֹאשׁ יְשִׁיבָה זִיךְ הֶערְצְלִיךְ בַּאדַאנְקְט פַאר'ן דְרַייוֶוער.

עֶטְלִיכֶע בָּחוּרִים ווֶעלְכֶע זֶענֶען גֶעשְׁטַאנֶען אִינְדְרוֹיסְן הָאבְּן גֶעזֶען ווִי דִי קַאר אִיז אָנְגֶעקוּמֶען. זֵיי הָאבְּן בַּאמֶערְקְט אַז דֶעם רָב'ס פִינְגֶערְס זֶענֶען גֶעבְּלִיבְּן שְׁטֶעקְן אִין דֶעם טִיר פוּנֶעם קַאר, אוּן זַיינֶע פִינְגֶער זֶענֶען בְּלוֹיז בַּאפְרַייט גֶעוָוארְן ווֶען דֶער רָב הָאט גֶעעֶפְנְט דֶעם טִיר פוּנֶעם קַאר.

ווֶען דֶער רָב אִיז אַרַיינְגֶעקוּמֶען אִין יְשִׁיבָה, אִיז אֵיינֶער פוּן דִי בָּחוּרִים צוּגֶעקוּמֶען צוּ אִים אוּן גֶעפְרֶעגְט: „פַארְוָואס הָאט דֶער רֹאשׁ יְשִׁיבָה נִישְׁט גֶעעֶפְנְט דֶעם קַאר פְרִיעֶר כְּדֵי אַרוֹיסְצוּנֶעמֶען דֶעם פִינְגֶער?"

„אִיךְ הָאבּ עֶס נִישְׁט גֶעוָואלְט טוּן," הָאט דֶער רָב גֶעעֶנְטְפֶערְט, „ווִיבַּאלְד אִיךְ הָאבּ נִישְׁט גֶעוָואלְט אַז דֶער דְרַייוֶוער זָאל כַאפְּן אַז עֶר הָאט בְּטָעוּת צוּגֶעמַאכְט דֶעם טִיר אוֹיף מַיין פִינְגֶער. עֶס הָאט זִיךְ גֶעלוֹינְט צוּ לַיידְן יִסּוּרִים אַבִּי נִישְׁט צוּ פַארְשֶׁעמֶען דֶעם דְרַייוֶוער."

מִיר זֶענֶען נִישְׁט אוֹיף דֶער מַדְרֵיגָה צוּ לַיידְן אַזֶעלְכֶע יִסּוּרִים כְּדֵי נִישְׁט צוּ פַארְשֶׁעמֶען אַן אַנְדֶערְן אִיד, אָבֶּער מִיר קֶענֶען זִיךְ אַרוֹיסְלֶערְנֶען פוּן דֶער מַעֲשֶׂה אַז אוֹיבּ אֵיינֶער טוּט אוּנְז ווַיי אָדֶער שֶׁעדִיגְט אוּנְז בְּטָעוּת זָאלְן מִיר נִישְׁט מַאכְן אַ גְרוֹיסְן עֵסֶק דֶערְפוּן, אַזוֹי אַרוּם זָאל יֶענֶער נִישְׁט פַארְשֶׁעמְט ווֶערְן.

אִיךְ הָאף אַז נַפְתָּלִי הָאט נִישְׁט פַארְגֶעסְן אַז עֶר הָאט
מִיר גֶעדַארְפְט טְרֶעפְן. עֶס אִיז שוֹין אַזוֹי שְׁפֶּעט.
אַנְטְשׁוּלְדִיגְט אַז אִיךְ קוּם אָן אַזוֹי
שְׁפֶּעט. אִיךְ הָאבּ נִישְׁט גֶעכַאפְּט
וְויפִיל אַזֵייגֶער עֶס אִיז!
זָארְג זִיךְ
נִישְׁט. אִיךְ בִּין
אָנְקוּמֶען בְּלוֹיז
עֶטְלִיכֶע מִינוּט
צוּרִיק.

הָאסְט גֶעזֶען דֶעם בִּילְד
וָואס אִיךְ הָאבּ
גֶעמָאלְן? אִיךְ
הָאבּ עֶס דָא
אִיבֶּערְגֶעלָאזְט!
אוֹי וֵויי! אִיךְ הָאבּ
גֶעמֵיינְט אַז דוּ דַארְפְסְט
עֶס שוֹין נִישְׁט, הָאבּ אִיךְ
עֶס אַרוֹיסְגֶעוָוארְפְן וֶוען
אִיךְ הָאבּ אָפְּגֶערֵיינִיגְט
דֶעם טִישׁ.
נִישְׁט גֶעפֶערְלִיךְ.
דוּ הָאסְט נִישְׁט
גֶעווּאוּסְט ווִי וִויכְטִיג
עֶס אִיז פַאר מִיר.

וֶוען אַ חַבֵר בַּאטְרַאכְט דִיר

צוּמאל קֶענֶען מֶענְטְשְׁן בַּאטְרַאכְטְן אַנְדֶערֶע. טֵייל מָאל טוּעֶן זֵיי דָאס בְּכַוָּונָה, אַנְדֶערֶע מָאל טוּעֶן זֵיי דָאס אוּמְווִילְנְדִיג. יֶעדְנְפַאלְס, אוֹיבֿ אֵיינֶער בַּאטְרַאכְט דִיר, דַארְפְסְטוּ נִישְׁט מַאכְן יֶענֶעם פִילְן שְׁלֶעכְט.

פְרַאגֶע: **וואס זָאלְסְטוּ טוּן אוֹיבֿ דוּ בַּאמֶערְקְסְט אַז אֵיינֶער אִין דַיין קְלַאס בַּאטְרַאכְט דִיר און עֶס מַאכְט דִיר פִילְן אוּמְבַּאקְוֶועם?**

עֶנְטְפֶער: דוּ קֶענְסְט שְׁמֵייכְלֶען צוּ יֶענֶעם. אַזוֹי וֶועט זִי מֶער נִישְׁט קוּקְן אוֹיף דִיר ווייל זִי וֶועט זֶען אַז דוּ הָאסְט בַּאמֶערְקְט אַז זִי קוּקְט אוֹיף דִיר. מַאךְ נִישְׁט אַן אוּמְאֵיידֶעלְן פָּנִים, ווייבַּאלְד דָאס וֶועט יֶענֶעם מַאכְן פִילְן שְׁלֶעכְט.

זִיך בַּאדַאנְקֶען

דִי עֶרְשְׁטֶע װערְטֶער װאס מִיר זָאגְן יֶעדְן אִינְדֶערְפְרִי װען מִיר שְׁטֵייעֶן אוֹיף, אִיז "מוֹדֶה אֲנִי" – אִיךְ דַאנְק דִיר. מִיט דִי װערְטֶער בַּאדַאנְקֶען מִיר זִיךְ פַארְ'ן בַּאשֶׁעפֶער פַארְ'ן אוּנְז צוּרִיקְגֶעבְּן אוּנְזֶערֶע נְשָׁמוֹת. דוּרְכאוֹיס דֶעם טָאג װַייזְן מִיר װַייטֶער אַרוֹיס אוּנְזֶער דַאנְקְבַּארְקֵייט צוּם בַּאשֶׁעפֶער אוּן פַאר אַלֶע אַרוּם אוּנְז װָאס הֶעלְפְן אוּנְז.

אוֹיבּ אֵיינֶער טוּט דִיר אַ טוֹבָה, גֶעדֶענְק זִיךְ צוּ בַּאדַאנְקֶען אוּן זָאגְן: "יְיַשֶׁר כֹּחַ".

פָאלְגְנְד זֶענֶען בֵּיישְׁפִּילְן וֶוען מֶען דַארְף זִיך בַּאדַאנְקֶען:

- ✅ אוֹיבּ אֵיינֶער סֶערְוִוירְט דִיר עֶסְן, זָאג "יְיַשֶׁר כֹּחַ".
- ✅ אוֹיבּ אֵיינֶער טֵיילְט זַיין נַאשׁ מִיט דִיר, מַאךְ זִיכֶער צוּ זָאגְן "יְיַשֶׁר כֹּחַ".
- ✅ אוֹיבּ דוּ פָארְסְט אִין אַ קַאר, מַאךְ זִיכֶער צוּ זָאגְן יְיַשֶׁר כֹּחַ פַאר דֶעם דְרַייוֶוער.
- ✅ נָאךְ אַ מְסִיבָּה גֵיי אַרִיבֶּער צוּ דִי וָואס הָאבְּן עֶס אָנְגֶעפִירְט אוּן זָאג "יְיַשֶׁר כֹּחַ".

ניִשְט בְּלויז פְרֶעמְדֶע מֶענְטְשְן און גֶעסְט וָואס טוּעֶן אַ טוֹבָה דַארְף מֶען בַּאדַאנְקֶען.

מֶען דַארְף גֶעדֶענְקֶען זִיךְ צוּ בַּאדַאנְקֶען אוֹיךְ פַאר דִי אֵייגֶענֶע עֶלְטֶערְן פַאר אַלֶעס וָואס זֵיי טוּעֶן פַאר דִיר.

עֶטְלִיכֶע בֵּיישְׁפִּילְן אוֹיף וָואס צוּ בַּאדַאנְקֶען דַיינֶע עֶלְטֶערְן:

- ✅ קָאכְן עֶסְן פַאר דִיר
- ✅ וַואשְׁן דַיינֶע וֶועשׁ
- ✅ קוֹיפְן דַיינֶע קְלֵיידֶער
- ✅ לֶערְנֶען און טוּן הֵיימְאַרְבֶּעט מִיט דִיר

פְרַאגֶע: אוֹיבּ אֵיינֶער שְׁטֶעלְט אָפּ זַיין קַאר דִיר צוּ לָאזְן אַרִיבֶּערְגֵיין דִי גַאס, וְויאַזוֹי קֶענְסְטוּ זִיךְ בַּאדַאנְקֶען פַאר אִים אוֹיבּ עֶר קֶען נִישְׁט הֶערְן פוּן אִינְדְרוֹיסְן פוּן דֶעם קַאר?

עֶנְטְפֶער: הֵייבּ אוֹיף דַיין הַאנְט. דֶער דְרַייוֶוער וֶועט פַארְשְׁטֵיין אַז דוּ מֵיינְסְט זִיךְ צוּ בַּאדַאנְקֶען.

פְרַאגֶע: וָואס אִיז נִישְׁט גוּט מִיט דִי וֶוערְטֶער פוּן דֶעם קִינְד?

עֶנְטְפֶער: עֶר הָאט גֶעמַאכְט זַיין זֵיידֶע-בַּאבֶּע פִילְן שְׁלֶעכְט. עֶר וָואלְט זִיךְ גֶעדַארְפְט בַּאדַאנְקֶען פַאר זַיין זֵיידֶע-בַּאבֶּע פַאר דִי מַתָּנָה אֲפִילוּ אוֹיבּ עֶר הָאט עֶס נִישְׁט לִיבּ גֶעהַאט. זֵיי הָאבְּן אַוֶועקְגֶעגֶעבְּן צַייט אוּן גֶעלְט עֶס צוּ קוֹיפְן אוּן עֶס קוּמְט זִיךְ זֵיי אַ יְיַשְׁר כֹּחַ. עֶר קֶען אוֹיסְדְרוּקְן זַיין אַנְטוֹישׁוּנְג אִיבֶּער דִי מַתָּנָה צוּ זַיינֶע עֶלְטֶערְן נָאכְדֶעם וָואס זֵיידֶע-בַּאבֶּע גֵייעֶן אַהֵיים.

אוֹיבּ דוּ הָאסְט בַּאקוּמֶען אַ פֶּעקְל אָדֶער אַ בְּרִיוו מִיט אַ מַתָּנָה אָדֶער גֶעלְט, בַּאדַאנְק זִיך גְלַייך פַאר דֶעם וָואס הָאט דִיר עֶס גֶעשִׁיקְט.

דֶער שִׁיקֶער הָאט זִיך גֶעלָאזְט קָאסְטְן צַייט אוּן גֶעלְט דִיר צוּ קוֹיפְן אַ מַתָּנָה אוּן עֶר וַוארְט צוּ הֶערְן אַז דוּ הָאסְט עֶס בַּאקוּמֶען אוּן אַז דוּ גְלַייכְסְט עֶס. עֶס קוּמְט זִיך יֶענֶעם אַ יְיַשְׁר כֹּחַ. דוּ קֶענְסְט אִים אָנרוּפְן אָדֶער שִׁיקְן אַ בְּרִיוְול, אָבֶער טוּ עֶס אוֹיפְ'ן פְּלַאץ!

וֶוען דוּ בַּאדַאנְקְסְט זִיך פַאר אֵיינֶעם, זָאג קְלָאר אוֹיף וָואס דוּ בַּאדַאנְקְסְט זִיך.

עֶס אִיז וִויכְטִיג צוּ זָאגְן פַאר דֶעם מֶענְטְשׁ וִוי שְׁטַארְק דוּ הָאסְט הֲנָאָה גֶעהַאט פוּן דִי טוֹבָה וָואס עֶר הָאט גֶעטוּן דִיר.

פְרַאגֶע: פַארְוָואס הָאט דָאס קִינְד גֶעפִילְט אַנְדֶערְשׁ אִין דִי צְוֵויי בִּילְדֶער?

עֶנְטְפֶערְ: אִין דֶעם עֶרְשְׁטְן בִּילְד הָאבְּן דִי קִינְדֶער זִיך בַּאדַאנְקְט אוּן אַרוֹיסְגֶעגַאנְגֶען. אִין דֶעם צְוֵייטְן בִּילְד הָאבְּן זֵיי זִיך בַּאדַאנְקְט, אוּן דֶערְנָאךְ הָאבְּן זֵיי גֶעזָאגְט פַאר דֶעם יוּנְגְל וָואס הָאט גֶעמַאכְט דֶעם תְּהִלִּים סִיּוּם וִוי שְׁטַארְק זֵיי הָאבְּן הֲנָאָה גֶעהַאט. דָאס הָאט אִים גֶעמַאכְט שְׁפִּירְן גוּט. אוֹיבּ דוּ הָאסְט צוּ זָאגְן עֶפֶּעס אַ פָּאזִיטִיוְוע זַאךְ, טֵייל עֶס מִיט מִיט יֶענֶעם. דוּ קֶענְסְט יֶענֶעם מַאכְן פִילְן גוּט!

זִיך בַּאדַאנְקֶען בַּיים אָפְּזָאגְן

אוֹיבּ אֵיינֶער וִויל דִיר גִיבְּן עֶפֶּעס וָואס דוּ דַארְפְסְט נִישְׁט, זָאלְסְטוּ אִים נָאכְאַלְץ בַּאדַאנְקֶען. דוּ קֶענְסְט זָאגְן: ״נֵיין, יְיַשְׁר כֹּחַ״.

וֶוען אֵיינֶער בַּאדַאנְקְט זִיךְ

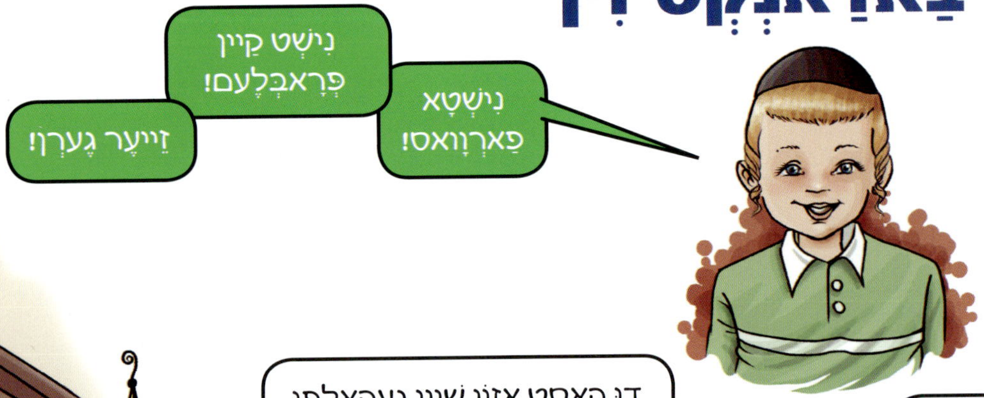

פָאלְגְנְד זֶענֶען עֶטְלִיכֶע אוֹפַנִים וְוי אַזוֹי צוּ עֶנְטְפֶערְן וֶוען אֵיינֶער בַּאדַאנְקְט זִיךְ:

גֶעבְּן אַ קָאמְפְּלִימֶענְט

וֶוען דוּ טְרַאכְסְט אִיבֶּער דִי מַעֲלוֹת פוּן אַ צְוֵוייטְן, זָאג עֶס אִים!

יֶעדֶער הָאט לִיבּ וֶוען מֶען גִיבְּט אִים אַ קָאמְפְּלִימֶענְט. מֶען קֶען מַאכְן אַ מֶענְטְשׁ שְׁפִּירְן זֵייעֶר גוּט דוּרְכְ'ן גֶעבְּן קָאמְפְּלִימֶענְטְן. וֶוען דוּ זֶעסְט עֶפֶּעס אַ גוּטֶע זַאךְ בַּיי אַ צְוֵוייטְן, זָאג אִים דֶערְוֶועגְן אוּן מַאךְ אִים פִילְן גוּט.

מֶען טוּט אוֹיף צְוֵויי זַאכְן מִיטְ'ן גֶעבְּן קָאמְפְּלִימֶענְטְן:

- ☑ דֶער מֶענְטְשׁ פִילְט גוּט וֶועגְן זִיךְ.
- ☑ דוּ פִילְסְט גוּט אַז דוּ הָאסְט גֶעמַאכְט אַ צְוֵוייטְן שְׁפִּירְן גוּט.

דוּ הָאסְט גֶעשְׁפִּילְט אַזוֹי שֵׁיין הַיינְט.

דֶער בִּילְד וָואס דוּ הָאסְט גֶעמָאלְן אִיז הֶערְלִיךְ.

דוּ הָאסְט אַזַא שֵׁיינֶע שְׁטִימֶע.

דַיין קְלֵייד אִיז זֵייעֶר שֵׁיין.

דוּ הָאסְט גֶעפְרֶעגְט אַזַא גוּטֶע קַשְׁיָא הַיינְט אִין קְלַאס.

דוּ הָאסְט אַזַא גוּט הַארְץ.

אִיךְ הָאבּ אַזוֹי הֲנָאָה גֶעהַאט צוּ שְׁפִּילְן אִין דַיין הוֹיז.

דָאס אִיז אַזוֹי שֵׁיין פוּן דִיר.

אִיךְ בִּין אַזוֹי נִתְפָּעֵל פוּן דַיינֶע טַאלַאנְטְן.

נֶעם עֶס אַ טְרִיט וַוייטֶער!

וֶוען דוּ גִיבְּסְט אַ קָאמְפְּלִימֶענְט פַאר אַ צְוֵוייטְן, פְּרוּבִּירְט צוּ דֶערְמַאנֶען אַ סְפֶּעצִיפִישֶׁע זַאךְ. דָאס מַאכְט דֶעם מֶענְטְשׁ פִילְן אַסַאךְ בֶּעסֶער.

עֶנְטְפֶערְן אוֹיף קָאמְפְּלִימֶענְטְן

וֶוען אֵיינֶער גִיבְּט דִיר אַ קָאמְפְּלִימֶענְט, שְׁמֵייכְל אוּן זָאג "יְיַשְׁר כֹּחַ".

וֶוען אֵיינֶער קָאמְפְּלִימֶענְטִירְט דִיר, גִיבּ צוּרִיק אַ קָאמְפְּלִימֶענְט.

טְרֶעף עֶפֶּעס גוּטְס צוּ זָאגְן

אַ גְרוֹיסֶער צַדִיק אִיז אַמָאל גֶעגַאנְגֶען שְׁפַּאצִירְן צוּזַאמֶען מִיט זַיינֶע תַּלְמִידִים, וֶוען זֵיי זֶענֶען אַרִיבֶּערְגֶעגַאנְגֶען אַ טוֹיטֶע הוּנְט. דֶער גֶערוּךְ אִיז גֶעוֶוען גֶעפֶערְלִיךְ אוּן פְלִיגְן הָאבְּן גֶעזְשׁוּמֶעט אַרוּם דֶעם נְבֵלָה. דִי תַּלְמִידִים הָאבְּן זִיךְ צוּגֶעשְׁטָאפְּט דִי נֶעזֶער אוּן גֶעזָאגְט: "דֶער גֶערוּךְ פוּן דִי נְבֵלָה אִיז אוּמְדֶערְטְרֶעגְלִיךְ!"

דֶער צַדִיק הָאט זִיךְ אוֹיסְגֶעדְרֵייט צוּ זַיינֶע תַּלְמִידִים אוּן זִיךְ אָנְגֶערוּפְן: "קוּקְט וָואסְפַּארַא שֵׁיינֶע וַוייסֶע צֵיין עֶס פַארְמָאגְט!"

(חוֹבַת הַלְבָבוֹת, שַׁעַר הַכְּנִיעָה, פֶּרֶק ו)

הֲלָכָה ווִינְקְל

פְרַאגֶע: וֶוען דַיין חַבֵר פְרֶעגְט דִיר אוֹיבּ עֶס גֶעפֶעלְט דִיר עֶפֶּעס וָואס עֶר הָאט גֶעקוֹיפְט, אוּן בֶּאֱמֶת גְלַייכְסְטוּ עֶס נִישְׁט, זָאלְסְטוּ אִים זָאגְן אַז דוּ גְלַייכְסְט עֶס נִישְׁט, אֲפִילוּ עֶס וֶועט אִים וֵויי טוּן? אָדֶער זָאלְסְטוּ אִים זָאגְן אַז עֶס אִיז זֵייעֶר שֵׁיין כְּדֵי אִים צוּ מַאכְן פִילְן גוּט?

עֶנְטְפֶער: עֶס וֶוענְדְט זִיךְ. אוֹיבּ דַיין חַבֵר קֶען נָאךְ צוּרִיקְגֶעבְּן דֶעם חֵפֶץ, זָאלְסְטוּ אִים זָאגְן וָואס דוּ הַאלְטְסְט בֶּאֱמֶת כְּדֵי עֶר זָאל עֶס קֶענֶען צוּרִיקְגֶעבְּן אוֹיבּ עֶר וִויל. אָבֶּער אוֹיבּ עֶר קֶען עֶס שׁוֹין נִישְׁט צוּרִיקְגֶעבְּן, לֶערְנֶען אוּנְז דִי הֵיילִיגֶע חֲכָמִים אַז דוּ זָאלְסְט טְרֶעפְן עֶפֶּעס גוּטְס צוּ זָאגְן דֶערְוֶועגְן. (כְּתֻבּוֹת יז, ע"א)

כָאטְשׁ דִי נְבֵלָה הָאט בֶּאֱמֶת גֶעהַאט גָאר אַ שְׁלֶעכְטְן גֶערוּךְ, הָאט דֶער צַדִיק גֶעטְרַאכְט אִיבֶּער דִי אֵיינְצִיגֶע גוּטֶע זַאךְ וָואס עֶס פַארְמָאגְט – אִירֶע וַוייסֶע צֵיינֶער. דִי תַּלְמִידִים הָאבְּן זִיךְ גֶעלֶערְנְט פוּן זֵייעֶר רֶבִּי'ן ווִי פָארְזִיכְטִיג אַ מֶענְטְשׁ מוּז זַיין נִישְׁט צוּ רֶעדְן שְׁלֶעכְטְס אִיבֶּער סַיי וֶועלְכֶע זַאךְ, אֲפִילוּ אִיבֶּער אַ טוֹיטֶע נְבֵלָה. אַנְשְׁטָאט זָאל מֶען זִיךְ שְׁטֶענְדִיג אוֹיסְזוּכְן עֶפֶּעס פָּאזִיטִיוו צוּ זָאגְן.

אוֹיבּ מֶען קוּקְט גוּט, קֶען מֶען שְׁטֶענְדִיג טְרֶעפְן עֶפֶּעס גוּטְס צוּ קָאמְפְּלִימֶענְטִירְן דֶערוֹיף. אוֹיבּ אֵיינֶער פְרֶעגְט דִיר אוֹיבּ דוּ גְלַייכְסְט וָואס עֶר הָאט גֶעקוֹיפְט, טְרַאכְט פוּן עֶפֶּעס אַ גוּטֶע זַאךְ צוּ זָאגְן אֲפִילוּ אוֹיבּ דוּ גְלַייכְסְט עֶס נִישְׁט. אוֹיבּ דֶער צַדִיק הָאט גֶעקֶענְט טְרֶעפְן אַ גוּטֶע זַאךְ צוּ זָאגְן אִיבֶּער דֶעם טוֹיטְן הוּנְט, קֶענְסְטוּ זִיכֶער טְרֶעפְן עֶפֶּעס אַ קָאמְפְּלִימֶענְט אוֹיף דַיין קְלֵיין בְּרוּדֶער'ס בִּילְד אָדֶער אוֹיף דַיין חַבֶרְ'טֶעס נַייעֶ שִׁיךְ.

פְרַאגֶע: וָואס אִיז נִישְׁט גוּט מִיט דִי עֶנְטְפֶערְס פוּן דִי חַבֶרְ'טֶעס?

עֶנְטְפֶער: צוּמָאל זָאגְן קִינְדֶער אַז עֶפֶּעס אִיז מִיאוּס אָדֶער נִישְׁט גוּט, אָבֶּער בֶּאֱמֶת, טִיף אִינֶעוֵוייניג, הָאפְן זֵיי אַז זֵייעֶרֶע חַבֵרִים אָדֶער חַבֶרְ'טֶעס וֶועלְן זֵיי זָאגְן וִוי שֵׁיין און גוּט עֶס אִיז.

פְרַאגֶע: וִוי אַזוֹי וָואלְטְן דִי חַבֶרְ'טֶעס גֶעדַארְפְט עֶנְטְפֶערְן?

עֶנְטְפֶער: זֵיי וָואלְטְן גֶעדַארְפְט זָאגְן עֶפֶּעס שֵׁיין אוּן גֶעבְּן אַ קָאמְפְּלִימֶענְט. זֵיי וָואלְטְן זִיכֶער נִישְׁט גֶעדַארְפְט מַאכְן שְׁלֶעכְטֶע בַּאמֶערְקוּנְגֶען.

הֶעלְפְן אַנְדֶערֶע

דִי תּוֹרָה זָאגְט אוּנְז אָן אַז אוֹיבּ אֵיינֶער דַארְף הִילְף, דַאן: "עָזֹב תַּעֲזוֹב עִמּוֹ – דוּ זָאלְסְט אִים הֶעלְפְן."

(פָּרָשַׁת מִשְׁפָּטִים כג, ה).

אוֹיבּ דוּ זֶעסְט אֵיינֶעם שְׁלֶעפְּן פֶּעקְלֶעךְ אָדֶער שְׁוֶוערֶע זַאכְן זָאלְסְטוּ אַרִיבֶּערְגֵיין אוּן אִים אָנְבָּאטְן הִילְף. וֶוען דוּ זֶעסְט אַז דַיינֶע עֶלְטֶערְן אַרְבֶּעטְן שְׁוֶוער, פְרֶעג: "וָואס קֶען אִיךְ טוּן צוּ הֶעלְפְן?" זֶע וָואס מֶען דַארְף טוּן אוּן טוּ עֶס!

פְּרַאגֶע: וואס אִיז דֶער פְּרָאבְּלֶעם מִיט דִי עֶנְטְפֶערְס?

עֶנְטְפֶער: אויבּ אֵיינֶער מַאכְט עֶפֶּעס שְׁמוּצִיג, זָאג נִישְׁט צוּ זִיך, "אִיך הָאבּ עֶס נִישְׁט גֶעמַאכְט, פַארְוָואס זָאל אִיך עֶס אָפְּרֵיינִיגְן?" כָאטְשׁ דֶער אַנְדֶערֶער דַארְף עֶס אָפְּווִישְׁן, אִיז אַ מִצְוָה אִים צוּ הֶעלְפְן.

גִיבּ אָפּ אַ בַּארִיכְט נָאכְדֶעם וָואס דוּ הֶעלְפְסְט

אוֹיבּ אֵיינֶער בֶּעט דִיר עֶפֶּעס צוּ טוּן, גֵיי נָאכְדֶעם צוּרִיק צוּ אִים אוּן לָאז אִים וְויסְן אוֹיבּ דוּ הָאסְט גֶעטוּן דַיין אַרְבֶּעט

״...וַיָּשֶׁב מֹשֶׁה אֶת דִּבְרֵי הָעָם אֶל ה׳״. פוּן דֶעם לֶערְנְט מֶען אַרוֹיס, אַז וֶוען אֵיינֶער שִׁיקְט אַ צְווייטְן עֶפֶּעס טוּן, זָאל דֶער שָׁלִיחַ צוּרִיקְקוּמֶען נָאכ'ן טוּן דִי שְׁלִיחוּת אוּן אִיבֶּערְגֶעבְּן אַז עֶר הָאט עֶס גֶעטוּן. (שְׁמוֹת יט, יח; וְרַשִׁ״י שָׁם)

מִיטְגֶעפִּיל מִיט אַ צְוֵייטְנְס צַעַר

עס זענען דאָ אַכט און פערציג זאַכן וואָס מיר דאַרפן טון כְּדֵי די תּוֹרָה זאָל זיך האַלטן בּיי אונז. איינע פון די זאַכן איז **'נוֹשֵׂא בְּעוֹל עִם חֲבֵירוֹ'**. דאָס מיינט אַז עס דאַרף אונז וויי טון ווען אַ צווייטער איד איז בְּצַעַר (פִּרְקֵי אָבוֹת ו, ו).

מֹשֶׁה רַבֵּינוּ איז געווען דער גרעסטער מַנְהִיג פון כְּלַל יִשְׂרָאֵל. דו ווייסט פאַרוואָס דער אויבערשטער האָט אים אויסגעקליבן? איינע פון די סִיבּוֹת איז ווייל ווען מֹשֶׁה רַבֵּינוּ איז געווען אַלס קינד אין פַּרְעֹה'ס פּאַלאַץ, פלעגט ער כְּסֵדֶר אַרויסגיין צו זיינע אידישע ברידער און זען וואָס זיי מאַכן. ווען ער פלעגט זען זייערע שרעקליכע ליידן, פלעגט ער וויינען מיט זיי און זאָגן "עס טוט מיר אַזוי וויי אַז איר דאַרפט אַרבּעטן אַזוי שווער". דערנאָך האָט ער געטון אַלעס וואָס ער האָט געקענט זיי צו פאַרגרינגערן (שְׁמוֹת רַבָּה א, לב).

מיר דאַרפן זיך לערנען פון מֹשֶׁה רַבֵּינוּ. אויב מען זעט אַז איינער איז טרויעריג און צובּראָכן, דאַרף מען צוגיין צו יענעם און שפּירן זיין צַעַר און מאַכן זיכער אַז ער זעט אַז ער איז נישט אַליין.

ווייז אַז עס טוט דיר וויי אַז אַן אַנדערער איז בְּצַעַר.

פְּרַאגֶע: שטעל זיך פאָר אַז דו בּיסט זייער מיד ווייל דו בּיסטו געווען אויף שפּעט. ווי אַזוי וואָלסטו געפילט אויב דיין חבר'טע זאָגט דיר אַז זי איז געבליבן אויף נאָך שפּעטער?

ענטפער: דו וואָלסט מסתּמא געפילט צובּראָכן און פאַרוויטאָגט אַז דיין חבר'טע פאַרשטייט נישט ווי מיד דו בּיסט. ווייל זי איז געבליבן אויף נאָך שפּעטער מיינט נאָכנישט אַז דו בּיסט נישט מיד.

פְרַאגֶע: אוֹיבּ דוּ וָואלְסְט בַּאקוּמֶען סְטִיטְשֶׁעס, וָואלְסְטוּ גֶעוָואלְט הֶערְן אַז דָאס אִיז גָארְנִישְׁט וַוייל אַ צְוֵוייטֶער הָאט בַּאקוּמֶען מֶער סְטִיטְשֶׁעס?

עֶנְטְפֶער: זִיכֶער נִישְׁט! דוּ דֶערְצַיילְסְט פַאר דַיין חַבֶר וָואס הָאט פַּאסִירְט מִיט דִיר וַוייל דוּ ווִילְסְט עֶר זָאל שְׁפִּירְן דַיין צַעַר. אִין אַזַא צַייט בִּיסְטוּ נִישְׁט אִינְטֶערֶעסִירְט צוּ הֶערְן אַז אַ צְוֵוייטֶער הָאט גֶעהַאט נָאךְ אַן עֶרְגֶערֶע מַעֲשֶׂה.

וָואס וָואלְט גֶעוֶוען אַ רִיכְטִיגֶע עֶנְטְפֶער?

אִיךְ שְׁפִּיר אַזוֹי שְׁלֶעכְט פַאר דִיר!

דָאס הָאט זִיכֶער אַזוֹי וֵויי גֶעטוּן!

ווִי אַזוֹי הָאט עֶס פַּאסִירְט?

דָאס אִיז שְׁרֶעקְלִיךְ!

עֶס טוּט מִיר וֵויי דָאס צוּ הֶערְן!

ווִי אַזוֹי פִילְסְטוּ?

אוֹי וֵויי!

אוֹי גֶעוַואלְד!

וַוייזְן מִיטְגֶעפִיל

אִין דִי נֶעקְסְטֶע בִּילְדֶער וֶועסְטוּ זֶען קִינְדֶער וָואס וֵוייסְן נִישְׁט ווִי אַזוֹי צוּ וַוייזְן מִיטְגֶעפִיל. פְּרוּבִּיר צוּ כַאפְּן וָואס אִיז דֶער פְּרָאבְּלֶעם מִיט זֵייעֶרֶע עֶנְטְפֶערְס אוּן טְרַאכְט ווִי אַזוֹי זֵיי וָואלְטְן גֶעדַארְפְט עֶנְטְפֶערְן לוֹיט וָואס מִיר הָאבְּן גֶעלֶערְנְט בִּיז יֶעצְט.

פְרַאגֶע: וָואס אִיז דֶער פְּרָאבְּלֶעם מִיט דִי עֶנְטְפֶערְס?

עֶנְטְפֶער: דִי קִינְדֶער הָאבְּן נִישְׁט גֶעוִויזְן מִיטְגֶעפִיל מִיט זֵייעֶרֶע חַבֵרִים.

פְרַאגֶע: ווִי אַזוֹי וָואלְטְן דִי גֶעשְׁווִיסְטֶער פוּן דֶעם קִינְד גֶעדַארְפְט ווייזְן מִיטְגֶעפִיל מִיט זַייעֶר יוּנְגֶערֶער בְּרוּדֶער?

עֶנְטְפֶער: דָאס קִינְד ווֵיינְט ווייל עֶר דַארְף אוֹיפְמֶערְקְזַאמְקֵייט. מִסְתָּמָא הָאט אִים דֶער קְלַאפּ ווֵיי גֶעטוּן, אֲפִילוּ אוֹיבּ עֶר מַאכְט עֶס עֶרְגֶער ווִי עֶס אִיז. זַיינֶע גֶעשְׁווִיסְטֶער וָואלְטְן אִים גֶעדַארְפְט ווייזְן אַז זֵיי שְׁפִּירְן שְׁלֶעכְט פַאר אִים. אוֹיךְ, ווען אֵיינֶער אִיז בְּצַעַר אִיז נִישְׁט דִי רִיכְטִיגֶע צַייט אִים צוּ זָאגְן וָואס עֶר הָאט נִישְׁט גוּט גֶעטוּן.

ווען אֵיינֶער שְׁרַייט "אוֹי!" ווַייז מִיטְגֶעפִיל. פְרֶעג אִים: "בִּיסְטוּ אָקֶעי?"

זיך מִיטְפְרֵייעֶן מִיט אַ צְוֵייטְנְס שִׂמְחָה

וֶוען אֵיינֶער אִיז פְרֵיילִיךְ וֶועגְן עֶפֶּעס, וַוייז אַז דוּ פְרֵייסְט זִיךְ מִיט!

וֶוען אֵיינֶער דֶערְצֵיילְט דִיר וֶועגְן עֶפֶּעס אַ פְרֵיילִיכֶע זַאךְ וָואס הָאט פַּאסִירְט, קֶענְסְטוּ זָאגְן אֵיינֶע פוּן דִי פָאלְגֶנְדֶע זַאכְן:

מַזָל טוֹב!

אַזוֹי שֵׁיין!

גֶעוַואלְדִיג!

אִיךְ פְרַיי זִיךְ אַזוֹי שְׁטַארְק פַאר דִיר!

אַזַא שִׂמְחָה!

אַזַא גוּטֶע בְּשׂוֹרָה!

דָאס מַאכְט מִיר זֵייעֶר פְרֵיילִיךְ!

אַזֶעלְכֶע גוּטֶע נַייעֶס!

דָאס אִיז אַ גֶעוַואלְדִיגֶע שִׂמְחָה!

וֶוען דוּ בִּיסְט נִישְׁט אִינְטֶערֶעסִירְט אִין יֶענֶעם

טֵייל מָאל דֶערְצֵיילְט דִיר אֵיינֶער וֶועגְן זַיינֶע פְרֵיילִיכֶע אָדֶער טְרוֹיעֶרִיגֶע אִיבֶּערְלֶעבֶּענִישְׁן, אָבֶּער בֶּאֱמֶת וִויל עֶר בְּלוֹיז דֶערְצֵיילְן עֶפֶּעס נַייעֶס. ווִי אַזוֹי זָאלְסְטוּ רֶעאַגִירְן וֶוען אֵיינֶער זָאגְט דִיר עֶפֶּעס וָואס דוּ בִּיסְט נִישְׁט אִינְטֶערֶעסִירְט צוּ הֶערְן אָדֶער וַוייזְט דִיר עֶפֶּעס וָואס דוּ בִּיסְט נִישְׁט אִינְטֶערֶעסִירְט צוּ זֶען? מַאךְ אַ בַּאמֶערְקוּנְג וָואס וַוייזְט אַז דוּ בִּיסְט כָאטְשׁ אַבִּיסְל אִינְטֶערֶעסִירְט.

וַוייז אִינְטֶערֶעסֶע וֶוען אֵיינֶער דֶערְצֵיילְט דִיר זֵייעֶרֶע נַייעֶס.

רֶעדְן צוּ עֶלְטֶערְן אוּן רַבֵּיִים אָדֶער לֶערֶערִינְס

"כַּבֵּד אֶת אָבִיךָ וְאֶת אִמֶּךָ – זֵיי מְכַבֵּד דַיין פָאטֶער אוּן דַיין מוּטֶער."

דִי תּוֹרָה זָאגְט אוּנְז אַז אוֹיבּ מִיר הָאבְּן דֶרֶךְ אֶרֶץ פַאר אוּנְזֶערֶע עֶלְטֶערְן אוּן מִיר גִיבְּן זֵיי אָפּ כָּבוֹד, וֶועלְן מִיר זוֹכֶה זַיין צוּ אַ גוּטֶער אוּן לַאנְגֶער לֶעבְּן. (פָּרָשַׁת יִתְרוֹ כ, יב)

"אַ מֶענְטְשׁ מוּז וַוייזְן דֶרֶךְ אֶרֶץ פַאר זַיין רֶבִּי'ן." (שֻׁלְחָן עָרוּךְ, יוֹרֶה דֵּעָה רמב, א)

"מֶען טָאר נִישְׁט זָאגְן פַארְקֶערְט וִוי דִי עֶלְטֶערְן." (שֻׁלְחָן עָרוּךְ, יוֹרֶה דֵּעָה רמ, ב)

"מֶען טָאר נִישְׁט זָאגְן פַארְקֶערְט וִוי אַ רֶבִּי." (שֻׁלְחָן עָרוּךְ, יוֹרֶה דֵּעָה רמב, טז)

רֶעד צוּ דַיינֶע עֶלְטֶערְן אוּן רַבֵּיִים אָדֶער לֶערֶערִינְס מִיט דֶרֶךְ אֶרֶץ אֲפִילוּ אוֹיבּ דוּ הַאלְטְסְט אַז זֵיי הָאבְּן גֶעמַאכְט אַ טָעוּת.

פְרַאגֶע: וָואס אִיז דֶער פְּרָאבְּלֶעם מִיט דֶעם עֶנְטְפֶער פוּן דָאס קִינְד?

עֶנְטְפֶער: אַ קִינְד טָאר נִישְׁט זָאגְן פַאר זַיינֶע עֶלְטֶערְן אַז זֵיי זֶענֶען נִישְׁט גֶערֶעכְט.

פָאלְגְנְד זֶענֶען עֶטְלִיכֶע אוֹיסְדְרוּקְן וָואס מֶען טָאר קֵיינְמָאל נִישְׁט זָאגְן פַאר עֶלְטֶערְן אָדֶער אַ רֶבִּי אָדֶער לֶערֶערִין

פָאלְגְנְד זֶענֶען עֶטְלִיכֶע אוֹיסְדְרוּקְן וָואס זֶענֶען פַּאסִיג צוּ זָאגְן פַאר עֶלְטֶערְן אָדֶער אַ רֶבִּי אָדֶער לֶערֶערִין אָדֶער סַיי וֶועלְכֶער עֶרְוַואקְסֶענֶער, אוֹיבּ דוּ הַאלְטְסְט אַז זֵיי הָאבְּן גֶעמַאכְט אַ טָעוּת:

עֶס אִיז נִישְׁט דֶרֶךְ אֶרֶץ צוּ זָאגְן פַאר אַן עֶרְוַואקְסֶענֶעם מֶענְטְשׁ:

"דָאס אִיז שְׁטוּתִים."

אַנְשְׁטָאט דֶעם זָאג:

"אִיך פַארְשְׁטֵיי דָאס נִישְׁט."

וֶוען מֶען רֶעדְט צוּ דִי עֶלְטֶערְן אָדֶער צוּ אַ רֶבִּי'ן אָדֶער לֶערֶערִין דַארְף מֶען נוּצְן דִי רֶעסְפֶּעקְטְפוּלְסְטֶע אוֹיסְדְרוּקְן וָואס אִיז שַׁייךְ.

יַאנְקֶעלֶע, בִּיטֶע פַּאק צוּזַאם דִי שְׁפִּילְצַייג.
אִיךְ הָאבּ נִישְׁט גֶעשְׁפִּילְט מִיט דֶעם!
יַאנְקֶעלֶע, בִּיטֶע פַּאק צוּזַאם דִי שְׁפִּילְצַייג.
בִּיסְט זִיכֶער אַז דוּ מֵיינְסְט מִיר? אִיךְ מֵיין אַז אַנְדֶערֶע קִינְדֶער הָאבְּן גֶעשְׁפִּילְט דֶערְמִיט.
הִינְדִי, דוּ הָאסְט אִיבֶּערְגֶעלָאזְט דַיינֶע שִׁיךְ אִין קָאךְ!
דָאס זֶענֶען נִישְׁט מַיינֶע שִׁיךְ! עֶס אִיז מַאמִי'ס שִׁיךְ!
הִינְדִי, דוּ הָאסְט אִיבֶּערְגֶעלָאזְט דַיינֶע שִׁיךְ אִין קָאךְ!
טַאטִי, אִיךְ מֵיין אַז דָאס זֶענֶען מַאמִי'ס שִׁיךְ.
דוּ הָאסְט נִישְׁט גֶעעֶנְדִיגְט דַיין הֵיימְאַרְבֶּעט.
נִישְׁט אֱמֶת! אִיךְ הָאבּ עֶס אַרַיינְגֶעגֶעבְּן צוּזַאמֶען מִיט יֶעדְן אֵיינֶעם!
דוּ הָאסְט נִישְׁט גֶעעֶנְדִיגְט דַיין הֵיימְאַרְבֶּעט.
אֶפְשָׁר הָאט דֶער רֶבִּי נִישְׁט גֶעזֶען מַיינֶע פַּאפִּירְן? אִיךְ מֵיין אַז אִיךְ הָאבּ עֶס אַרַיינְגֶעגֶעבְּן צוּזַאמֶען מִיט יֶעדְן אֵיינֶעם.

איבונגען

איז מעגלעך אַז...?

עס דוכט זיך מיר...

איך מיין אַז...

בּיסט זיכער אַז...?

איך מיין...

קען זיין אַז...

עס ליגט מיר אין קאָפּ אַז...

עס זענען דאָ מערערע ריכטיקע וועגן ווי אַזוי צו ענטפֿערן צו די פֿאָלגנדע שאלות, אויסער די וואָס ווערן דערמאָנט דאָ.

דיין מאַמע זאָגט דיר, "עס איז דיין ריי צו אָפּרייניקן דעם טיש. בּיטע טו עס יעצט."

דו ווייסט אַז בּאמת איז עס דיין בּרודער'ס ריי. וואָס זאָלסטו זאָגן?

מאַמי, איך מיין אַז עס איז שלום'ס ריי היינט.

דיין לערערין שרייבּט עפּעס אויפֿ'ן טאָוול און זי האָט בּטעות אויסגעלאָזט אַ וואָרט. דו בּאַמערקסט עס און דו ווילסט איר עס זאָגן. וואָס איז די ריכטיקע וועג ווי אַזוי עס צו זאָגן?

איז מעגלעך אַז די לערערין האָט אויסגעלאָזט אַ וואָרט?

דער רבּי האָט דיר אָנגעשריגן ווייל דו האָסט גערעדט אין קלאַס. דו ווייסט אַז בּאמת האָסטו נישט גערעדט נאָר דער קינד וואָס זיצט נעבּן דיר האָט גערעדט. וואָס זאָלסטו טון?

נאָכ'ן לערנען גיי צו צום רבּי'ן פּריוואַט און זאָג אים, "איך מיין אַז עס האָט פּאַסירט אַ טעות. איך בּין געזעסן שטיל די גאַנצע צייט און נישט גערעדט."

דיין מאַמע דערציילט פֿאַר איר חבר'טע אַ מעשה וואָס האָט פּאַסירט מיט איר, אָבּער זי האָט געמאַכט אַ טעות און נישט דערציילט ריכטיק געוויסע פּרטים. וואָס זאָלסטו טון?

דו זאָלסט בּלייבּן שטיל, אויסער אויבּ עס איז וויכטיק צו פֿאַרריכטן. אין אַזאַ פֿאַל, זאָג, "אפֿשר האָט די מעשה פּאַסירט אַבּיסל אַנדערש? איך געדענק אַז..."

דו קלערסט אַז דיין לערערין האָט געמאַכט אַ טעות בּיים ציישענען דיין טעסט, און עס קומט זיך דיר אַ העכערע ציישענונג. וואָס זאָלסטו איר זאָגן?

"איז מעגלעך אַז עס איז געווען אַ טעות מיט מיין ציישענונג? איך מיין אַז איינער פֿון די ענטפֿערס וואָס זענען געוואָרן געצייכנט אַז עס איז נישט גוט איז בּאמת יאָ די ריכטיקע ענטפֿער.

דיין טאַטע זאָגט דיר אַז דו קענסט בּלייבּן אויף און ליינען פֿאַר נאָך צען מינוט. יעצט זאָגט דיר דיין מאַמע אַז דו דאַרפֿסט שוין גיין שלאָפֿן. וואָס זאָלסטו זאָגן?

"אפֿשר מעג איך נאָך בּלייבּן אויף און ליינען אַבּיסל? טאַטי האָט מיר געזאָגט אַז איך קען נאָך ליינען פֿאַר צען מינוט."

די לערערין גיבּט אַן אויפֿגאַבּע. עס זעט דיר אויס אַז די אָנווייזונגען שטימען נישט. וואָס זאָלסטו זאָגן?

"עס איז מיר שווער צו פֿאַרשטיין וואָס דאָ שטייט."

עֶס אִיז נִישְׁט דֶרֶךְ אֶרֶץ צוּ זָאגְן אַז דַיינֶע עֶלְטֶערְן זֶענֶען גֶערֶעכְט אָדֶער אַז דוּ בִּיסְט מַסְכִּים מִיט דַיינֶע עֶלְטֶערְן.

ווען דוּ זָאגְסְט אַז דַיינֶע עֶלְטֶערְן זֶענֶען גֶערֶעכְט, זֶעט עס אויס ווי דוּ בִּיסְט גְלַייךְ מִיט זֵיי און אַז דוּ בִּיסְט דֶער וָואס מַאכְט אָפּ אוֹיבּ דַיינֶע עֶלְטֶערְן זֶענֶען גֶערֶעכְט אָדֶער נִישְׁט.

"מֶען טָאר אֲפִילוּ נִישְׁט זָאגְן אַז דִי עֶלְטֶערְן זֶענֶען גֶערֶעכְט."
(שֻׁלְחָן עָרוּךְ, יוֹרֶה דֵּעָה רמ, ב)

דִי פָאלְגְנְדֶע אוֹיסְדְרוּקְן ווַייזְן אוֹיף אַ חִסָרוֹן אִין דֶרֶךְ אֶרֶץ:

אוֹיבּ דוּ בֶּעטְסְט עֶפֶּעס פוּן אֵיינֶע פוּן דַיינֶע עֶלְטֶערְן אוּן דֶער עֶנְטְפֶער אִיז "נֵיין", זָאלְסְטוּ נִישְׁט בֶּעטְן דֶעם צְווֵייטְן כְּדֵי צוּ זֶען אוֹיבּ מֶען ווֶעט דִיר יָא לָאזְן.

אוֹיבּ דוּ זִיצְט אוּן אַן עֶרְוואקְסֶענֶער קוּמְט צוּ צוּ דִיר אוּן רֶעדְט צוּ דִיר שְׁטֵייעֶנְדִיג, זָאלְסְטוּ זִיךְ אוֹיפְשְׁטֶעלְן אוּן ווַארְטְן בִּיז דֶער עֶרְוואקְסֶענֶער עֶנְדִיגְט רֶעדְן צוּ דִיר.

זִיך צוּהֶערְן צוּ עֶלְטֶערְן אוּן עֶרְוַואקְסֶענֶע

וְוען דַיינֶע עֶלְטֶערְן אָדֶער אַ רֶבִּי/ לֶערֶערִין הֵייסְט דִיר טוּן עֶפֶּעס, טוּ עֶס אוֹיפְ'ן פְּלַאץ - אָן זִיך אָפְּרֶעדְן.

אוֹיבּ דַיינֶע עֶלְטֶערְן רוּפְן דִיר, דַארְף מֶען קוּמֶען אוֹיפְ'ן פְּלַאץ. אוֹיבּ עֶס אִיז שְׁוֶוער צוּ קוּמֶען אוֹיף דֶער מִינוּט, קֶען מֶען פְרֶעגְן מִיט דֶרֶךְ אֶרֶץ אוֹיבּ דוּ קֶענְסְט קוֹדֶם עֶנְדִיגְן וָואס דוּ טוּסְט יֶעצְט.

וַוייזְן אַ פִינְגֶער

קֵיינֶער הָאט נִישְׁט לִיבּ ווען מֶען ווייזְט מִיטְ'ן פִינְגֶער אוֹיף זֵיי. עֶס מַאכְט דֶעם מֶענְטְשׁ אוּמְבַּאקְוֶועם ווייל זֵיי זֶעעֶן אַז מֶען רֶעדְט פוּן זֵיי, אוּן זֵיי הֵייבְּן אָן טְרַאכְטְן אַז אֶפְשָׁר רֶעדְט מֶען שְׁלֶעכְטְס אוֹיף זֵיי.

אַנְדֶערֶע מֶענְטְשְׁנְ'ס חֲפֵצִים

"פּוּנְקְט ווי מֶען טָאר נִישְׁט גַנְבְ'ן עֶפֶּעס וָואס בַּאלַאנְגְט פַאר אַ צְווייטְן, אַזוֹי אוֹיךְ טָאר מֶען נִישְׁט שֶׁעדִיגְן זֵיינֶע זַאכְן." (טוּר, חֹשֶׁן מִשְׁפָּט, סִימָן שעח)

דִי תּוֹרָה לֶערְנְט אוּנְז אַז מֶען מוּז זַיין זֵייעֶר פָארְזִיכְטִיג נִישְׁט צוּ שֶׁעדִיגְן עֶפֶּעס וָואס בַּאלַאנְגְט פַאר אַ צְווייטְן. טֵייל קִינְדֶער כַאפְּן נִישְׁט אַז עֶס אִיז גְנֵיבָה צוּ מַאכְן אַ קְרִיץ אָדֶער אָנְשְׁרַייבְּן עֶפֶּעס וָואס בַּאלַאנְגְט נִישְׁט פַאר זֵיי.

שׂמְחות

יֶעדֶער הָאט לִיבּ צוּ גֵיין צוּ אַ שׂמְחָה!

עֶס אִיז שְׁטֶענְדִיג דָא גוּטֶע עֶסְן בַּיי אַ קִידוּשׁ אָדֶער אַ שׂמְחָה.

פְרַאגֶע: וָואס טוּעֶן דִי קִינְדֶער נִישְׁט גוּט אִין דֶעם בִּילְד?

עֶנְטְפֶער:

- זֵיי שְׁטוּפְּן זִיךְ אוּן כַאפְּן עֶסְן אֵיידֶער דִי עֶרְוַואקְסֶענֶע הָאבְּן טוּעֶם גֶעוֶוען.
- זֵיי נֶעמֶען צוּפִיל קוּכְן אוּן נַאשׁ.
- זֵיי זִיצְן אוֹיף דִי בֶּענְקְלֶעךְ בִּשְׁעַת דִי עֶרְוַואקְסֶענֶע שְׁטֵייעֶן אוֹיף דִי פִיס.
- זֵיי הָאבְּן נִישְׁט גֶעזָאגְט מַזָל טוֹב פַאר דִי בַּעֲלַת שׂמְחָה.

פְרַאגֶע: שְׁטֶעל דִיךְ פָאר אַז דוּ מַאכְסְט אַ מְסִיבָּה, וָואלְסְטוּ גֶעוָואלְט אַז דַיין יוּנְגֶערֶע בְּרוּדֶער אוּן זַיין חַבֶר זָאלְן כַאפְּן נַאשׁ פוּן דֶעם טִישׁ אוּן עֶס אוֹיפְעֶסְן?

עֶנְטְפֶער: מִסְתָמָא וָואלְסְטוּ עֶס נִישְׁט גֶעגְלִיכְן.

וֶוען קִינְדֶער כַאפְּן נַאשׁ בַּיי אַ שִׂמְחָה וָואס פַּאסִירְט?

- דִי עֶרְוַואקְסֶענֶע קֶענֶען נִישְׁט זֶען דִי שֵׁיינֶע דֶעקָארִירְטֶע טִישְׁן.
- עֶס וֶועט מֶעגְלִיך נִישְׁט אִיבֶּערְבְּלַייבְּן גֶענוּג עֶסְן פַאר דִי עֶרְוַואקְסֶענֶע. דָאס עֶסְן אִיז גֶעוָוארְן צוּגֶעגְרֵייט פַאר יֶעדְן אֵיינֶעם, נִישְׁט בְּלוֹיז פַאר דִי קִינְדֶער.
- אַסַאךְ עֶסְן גֵייט אִין מִיסְט וַוייל קִינְדֶער נֶעמֶען מֶער וִויפִיל זֵיי קֶענֶען עֶסְן.
- קִינְדֶער בַּאקוּמֶען בּוֹיךְ וֵוייטָאג אוּן לֶעכֶער אִין דִי צֵיינֶער פוּן עֶסְן אַזוֹיפִיל נַאשׁ.

דִי גֶעשְׁמַאקֶע קִיכְלֶעך אוּן שֵׁיינֶע קוּכְן קָאסְטְן טַייעֶר אוּן עֶס אִיז שְׁוֶוער צוּ מַאכְן. דִי בַּעֲלֵי שִׂמְחָה וָואס מַאכְן אַ שִׂמְחָה ווילְן אַז דִי טִישְׁן זָאלְן אוֹיסְזֶען שֵׁיין. אֵיידֶער דוּ נֶעמְסְט עֶסְן בַּיי אַ שִׂמְחָה, פְּרֶעג דַיינֶע עֶלְטֶערְן וִויפִיל דוּ קֶענְסְט נֶעמֶען.

אֵיידֶער דוּ זֶעצְט זִיךְ אַרָאפּ בַּיי אַ קִידוּשׁ אָדֶער שִׂמְחָה, מַאךְ זִיכֶער אַז עֶס זֶענֶען דָא גֶענוּג זִיצְן פַאר דִי עֶרְוַואקְסֶענֶע וָואס ווילְן זִיךְ אַרָאפְּזֶעצְן. אוֹיבּ דוּ זֶעצְט זִיךְ אַרָאפּ אוּן דוּ זֶעסְט אַן עֶרְוַואקְסֶענֶעם שְׁטֵיין נֶעבְּן דִיר אוּן עֶר הָאט נִישְׁט קַיין זִיץ, טְרָאג זִיךְ אָן אִים צוּ גֶעבְּן דַיין זִיץ.

דִי גְמָרָא זָאגְט (בְּרָכוֹת ו, ע"ב) אַז אַ מֶענְטְשׁ וָואס הָאט הֲנָאָה פוּן דִי סְעוּדַת חָתָן וְכַלָּה דַארְף זֵיי מְשַׂמֵחַ זַיין. וֶוען דוּ גֵייסְט צוּ אַ שִׂמְחָה – אַ חֲתוּנָה, אַ שֶׁבַע בְּרָכוֹת, אַ קִידוּשׁ, אַ בַּר מִצְוָה – מַאךְ זִיכֶער אַרִיבֶּערְצוּגֵיין צוּ דִי בַּעֲלֵי שִׂמְחָה אוּן אָנְוִוינְטְשְׁן מַזָל טוֹב.

צוּרִיקְגֶעבְּן אַ בְּרָכָה

דֶער גְרוֹיסֶער אַמוֹרָא רַב הוּנָא אִיז אַמָאל גֶעשְׁטַאנֶען פָארְנְט פוּן רַב, אוּן אוֹיף דִי לֶענְדְן הָאט עֶר גֶעהַאט אָנְגֶעטוּן אַ גַארְטְל פוּן שְׁטְרוֹי. רַב הָאט בַּאמֶערְקְט דֶעם מָאדְנֶעם גַארְטְל אוּן הָאט אִים גֶעפְרֶעגְט, "פַארְוָואס טוּסְטוּ נִישְׁט אָן דַיין גֶעוֶוענְלִיכְן גַארְטְל?"

רַב הוּנָא הָאט גֶעעֶנְטְפֶערְט, "אִיךְ הָאבּ נִישְׁט גֶעהַאט קַיין גֶעלְט צוּ קוֹיפְן וַויין פַאר קִידוּשׁ, הָאבּ אִיךְ גֶעבָּארְגְט גֶעלְט פוּן אַ צְוֵויטְן אוּן גֶעגֶעבְּן מַיין גַארְטְל אַלְס מַשְׁכּוֹן. וֶוען אִיךְ וֶועל אִים בַּאצָאלְן וֶועט עֶר מִיר עֶס צוּרִיקְגֶעבְּן."

רַב אִיז גֶעוָוארְן אִיבֶּערְגֶענוּמֶען אוּן הָאט גֶעזָאגְט, "אִיךְ וִוינְטְשׁ דִיר אַז דוּ זָאלְסְט זַיין אַזוֹי רַייךְ אַז דוּ זָאלְסְט זַיין בַּאדֶעקְט מִיט זַייד (זַייד אִיז זֵייעֶר אַ טַייעֶרֶע סְחוֹרָה)."

אַ שְׁטִיק צַייט שְׁפֶּעטֶער הָאט רַב הוּנָא חֲתוּנָה גֶעמַאכְט זַיין זוּן רַבָּה. רַב הוּנָא אִיז גֶעשְׁלָאפְן אִין בֶּעט בִּשְׁעַת זַיינֶע קִינְדֶער זֶענֶען אַרַיינְגֶעקוּמֶען אִין צִימֶער. רַב הוּנָא אִיז שׁוֹין יֶעצְט גֶעוֶוען זֵייעֶר רַייךְ אוּן עֶר הָאט זִיךְ גֶעקֶענְט עֶרְלוֹיבְּן טַייעֶרֶע קְלֵיידֶער פַאר זַיין גַאנְצֶע מִשְׁפָּחָה. זַיינֶע קִינְדֶער הָאבְּן גֶעטְרָאגְן זַיידֶענֶע מַלְבּוּשִׁים אִיבֶּער זֵייעֶרֶע קְלֵיידֶער. דִי קִינְדֶער הָאבְּן נִישְׁט בַּאמֶערְקְט אַז רַב הוּנָא לִיגְט אִין בֶּעט, הָאבְּן זֵיי אַרוֹיפְגֶעוָוארְפְן זֵייעֶרֶע קְלֵיידֶער אוֹיף דִי בֶּעט בִּיז רַב הוּנָא אִיז גֶעוָוארְן בַּאדֶעקְט מִיט דִי זַיידֶענֶע קְלֵיידֶער, אַזוֹי וִוי רַב הָאט אִים גֶעוִוינְטְשְׁן.

וֶוען רַב הָאט דָאס גֶעהֶערְט הָאט עֶר זִיךְ גֶעבֵּייזֶערְט אוּן גֶעזָאגְט פַאר רַב הוּנָא, "פַארְוָואס וֶוען אִיךְ הָאבּ דִיר גֶעוִוינְטְשְׁן הָאסְטוּ מִיר נִישְׁט צוּרִיק גֶעוִוינְטְשְׁן אוּן גֶעעֶנְטְפֶערְט "**וְכֵן לְמַר**" – אוּן אַזוֹי אוֹיךְ פַארְ'ן רֶבִּי'ן?"
(מְגִלָּה כז, ע"ב)

וֶוען אֵיינֶער גִיבְּט דִיר אַ בְּרָכָה, זָאלְסְטוּ אִים שְׁטֶענְדִיג צוּרִיקְוִוינְטְשְׁן.
דָא זֶענֶען עֶטְלִיכֶע בֵּיישְׁפִּילְן וָואס מֶען קֶען צוּרִיקְוִוינְטְשְׁן וֶוען אֵיינֶער גִיבְּט דִיר אַ בְּרָכָה:

יְיַשֵׁר כֹּחֲכֶם

בְּרוּכִים תִּהְיוּ

מַזָּל טוֹב

אוֹיף שִׂמְחוֹת

וֶוען אֵיינֶער גְרִיסְט דִיר "גוּט שַׁבָּת", "אַ גוּטְן טָאג", "זֵיי גֶעזוּנְט", זָאלְסְטוּ צוּרִיקְעֶנְטְפֶערְן דָאס זֶעלְבֶּע, אָדֶער זָאגְן אַן אֵייגֶענֶע גְרִיס, וִוי "זַייט גֶעבֶּענְטְשְׁט".

גִיבְּן אַ בְּרָכָה וֶוען אֵיינֶער נִיסְט

בִּיז דִי צַייטְן פוּן יַעֲקֹב אָבִינוּ, אִיז קֵיינֶער נִישְׁט קְרַאנְק גֶעוָוארְן. וֶוען עֶס אִיז גֶעקוּמֶען דִי צַייט פַאר אַ מֶענְטְשׁ צוּ שְׁטַארְבְּן, הָאט עֶר גֶעגֶעבְּן אַ נִיס אוּן זַיין נְשָׁמָה אִיז אַרוֹיסְגֶעפְלוֹיגְן. דֶערְפַאר, וֶוען אֵיינֶער נִיסְט, דַארְף מֶען גֶעבְּן אַ בְּרָכָה אוּן וִוינְטְשְׁן אַ גֶעזוּנְט לֶעבְּן.

וֶוען אֵיינֶער נִיסְט גִיבְּט מֶען אִים אַ בְּרָכָה:

פָאלְגֶנְד זֶענֶען עֶטְלִיכֶע וואוּנְטְשְׁן וָואס מֶען קֶען זָאגְן:

צוּ גֶעזוּנְט! | גֶעזוּנְטֶערְהֵייט! | אַסוּתָא!

צוּדֶעקְן דֶעם מוֹיל וֶוען מֶען נִיסְט אָדֶער הוּסְט

דִי תּוֹרָה זָאגְט אוּנְז אָן **"וְנִשְׁמַרְתֶּם מְאֹד לְנַפְשׁוֹתֵיכֶם"**. חֲזַ"ל עֶרְקְלֶערְן אַז דָאס מֵיינְט אַז מֶען דַארְף זַיין זֵייעֶר פָארְזִיכְטִיג אָפְּצוּהִיטְן דֶעם גֶעזוּנְט. עֶס אִיז אַ חִיוּב צוּ טוּן אַלֶעס וָואס מֶען קֶען כְּדֵי זִיךְ צוּ הַאלְטְן גֶעזוּנְט אוּן אָפְּהִיטְן זִיךְ אוּן אַנְדֶערֶע מֶענְטְשְׁן פוּן קְרֶענְק.

וֶוען דוּ הִיסְט, מַאךְ זִיכֶער צוּ בַּאדֶעקְן דַיין מוֹיל מִיט דַיין הַאנְט. וֶוען דוּ נִיסְט, פְּרוּבִיר צוּ נִיסְן אִין אַ פַּאפִּיר.

אִין דֶעם מוֹיל אִיז דָא קְלֵיינֶע בַּאצִילְן (דְזְשֶׁערְמְס) וָואס קֶענֶען זַיין שֶׁעדְלִיךְ. אוֹיבּ דוּ וֶועסְט לָאזְן דַיין מוֹיל אָפְן, וֶועלְן זִיךְ דִי בַּאצִילְן צוּשְׁפְּרֵייטְן אוּן זֵיי קֶענֶען אָנְשְׁטֶעקְן אַנְדֶערֶע. אוֹיבּ דוּ הָאסְט נִישְׁט קַיין פַּאפִּיר אִיז בֶּעסֶער צוּ נִיסְן אִין דַיין אָרֶעם וִוי אִין דַיין הַאנְט, וַוייל דִי הֶענְט קֶענֶען וַוייטֶער פַארְשְׁפְּרֵייטְן דִי בַּאצִילְן. נָאכְ'ן נִיסְן, פַּאסְט צוּ זָאגְן "אַנְטְשׁוּלְדִיגְט."

דֶרֶךְ אֶרֶץ אויפְ'ן טֶעלֶעפָאן

ווָען דו מַאכְסְט אַ טֶעלֶעפָאן קָאל, זָאג קוֹדֶם ווֶער דו בִּיסְט און דֶערְנָאךְ זָאג פַארְוָואס דו רוּפְסְט אָדֶער צו ווֶעמֶען דו ווִילְסְט רֶעדְן.

פְרַאגֶע: ווָאס הָאט שָׂרִי גֶעטוּן אַנְדֶערְשׁ אִין דֶעם צְווייטְן בִּילְד?

עֶנְטְפֶער: זי הָאט גֶעזָאגְט איר עֶרְשְׁטֶע און לֶעצְטֶע נָאמֶען. מַאךְ זִיכֶער צו זָאגְן אויךְ דַיין לֶעצְטְן נָאמֶען, אויסֶער אויבּ דו הָאסְט אַ זֶעלְטֶענֶעם עֶרְשְׁטְן נָאמֶען.

אוֹיבּ דוּ הָאסְט בְּטָעוּת גערוּפְן אַן אוּמְרִיכְטִיגן נוּמֶער, לֵייג נִישְׁט אַרָאפּ דֶעם טֶעלֶעפָאן וֶוען יֶענֶער הֵייבְּט אוֹיף. קוֹדֶם אַנְטְשׁוּלְדִיג זִיך פַאר דֶעם טָעוּת.

וֶוען דוּ לֵייגְסְט אַרָאפּ דֶעם טֶעלֶעפָאן פַּאסְט צוּ זָאגְן אַ שֵׁיינֶע זַאךְ אֵיידֶער דוּ גֶעזֶעגְנְסְט זִיךְ.

וֶועלְכֶע פוּן דִי בֵּיישְׁפִּילְן וֶועסְטוּ זָאגְן?

נֶעם עס אַ טְרִיט וַוייטֶער!

וֶוען אֵיינֶער פְרֶעגְט דִיר וָואס דוּ מַאכְסְט - אוֹיפְ'ן טֶעלֶעפָאן אָדֶער פֶּערְזֶענְלִיךְ - עֶנְטְפֶער נִישְׁט בְּלוֹיז דִי פְרַאגֶע. וַוייז אִינְטֶערֶעסֶע אִין יֶענֶעם אוּן פְרֶעג צוּרִיק וָואס יֶענֶער מַאכְט.

אוֹיבּ דוּ דְרוּקְסְט אַ נוּמֶער אוּן קֵיינֶער עֶנְטְפֶערְט נִישְׁט, רוּף נִישְׁט נָאכְאַמָאל בַּאלְד נָאכְדֶעם.

עֶס אִיז מֶעגְלִיךְ אַז דֶער מֶענְטְשׁ וֶועמֶען דוּ רוּפְסְט אִיז יֶעצְט פַארְנוּמֶען אָדֶער וִויל עֶר נִישְׁט אוֹיפְהֵייבְּן דֶעם טֶעלֶעפָאן, אוּן עֶר וִויל נִישְׁט אַז דוּ זָאלְסְט אִים הַאלְטְן אִין אַיין שְׁטֶערְן. אֶפְשָׁר הַאלְט עֶר אִינְמִיטְן אַ טֶעלֶעפָאן קָאל אוֹיף דִי אַנְדֶערֶע לַיין אוּן עֶר וִויל נִישְׁט מֶען זָאל שְׁטֶערְן. וַוארְט עֶטְלִיכֶע מִינוּט אוּן דֶערְנָאךְ פְּרוּבִּיר נָאכְאַמָאל צוּ רוּפְן. אוֹיבּ יֶענֶער הֵייבְּט נָאכְאַלְץ נִישְׁט אוֹיף, אוּן דוּ דַארְפְסְט וִויכְטִיג רֶעדְן צוּ אִים. וַוארְט נָאךְ אַ צֶען-פוּפְצֶן מִינוּט אוּן רוּף צוּרִיק אַ דְרִיטְן מָאל. אוֹיבּ קֵיינֶער הֵייבְּט נִישְׁט, רוּף מֶער נִישְׁט.

אֵיידֶער דוּ רוּפְסְט יֶענֶעם אוֹיפְ'ן טֶעלֶעפָאן פַארְטָאגְס אָדֶער שְׁפֶּעט בַּיינַאכְט, פְרֶעג דַיינֶע עֶלְטֶערְן אוֹיבּ עֶס פַּאסְט צוּ קָאלְן אִין אַזַא צַייט.

נֶעם עֶס אַ טְרִיט וַוייטֶער!

עֶס פַּאסְט צוּ קָאלְן דַיין זֵיידֶע-בַּאבֶּע יֶעדְן עֶרֶב שַׁבָּת זֵיי צוּ וואוּנְטְשְׁן גוּט שַׁבָּת.

נוּצְן דִי רִיכְטִיגֶע וֶוערְטֶער

מָרַת. גְרִינְבֶּערְג הָאט גֶעקָאכְט אַ גֶעשְׁמַאקֶע טְשָׁאלְנְט לְכָבוֹד שַׁבָּת. זִי הָאט זֵייעֶר לִיבּ צוּ סֶערְוִוירְן אִיר גוּטֶע טְשָׁאלְנְט פַאר אִירֶע גֶעסְט בַּיי דִי סְעוּדָה שַׁבָּת נָאכְמִיטָאג. דִי אֵיינְצִיגֶע זַאךְ וָואס זִי הָאט נִישְׁט לִיבּ וֶועגְן דֶעם טְשָׁאלְנְט אִיז אַז זִי דַארְף אוֹיסְוַואשְׁן דֶעם טָאפּ נָאךְ שַׁבָּת. זִי הָאט נִישְׁט קַיין גֶעדוּלְד אָפְּצוּקְרַאצְן דִי אִיבֶּערְגֶעבְּלִיבֶּענֶע בָּאנְדְלֶעךְ, פְלֵייש, און קַארְטָאפְל וָואס הָאבְּן זִיךְ צוּגֶעקְלֶעבְּט צוּם טָאפּ.

אֵיין וָואךְ הָאט מָרַת גְרִינְבֶּערְג בַּאשְׁלָאסְן אַז עֶס אִיז צוּ שְׁוֶוער אוֹיסְצוּוַואשְׁן דֶעם טָאפּ נָאךְ שַׁבָּת. יֶענֶעם מוֹצָאֵי שַׁבָּת הָאט זִי גֶענוּמֶען דֶעם שְׁמוּצִיגְן טָאפּ און אַרַיינְגֶעלֵייגְט צוּרִיק אִין קָאךְ שַׁאפֶע.

דֶעם קוּמֶענְדִיגְן פְרַייטָאג, וֶוען מָרַת גְרִינְבֶּערְג הָאט אַרוֹיסְגֶענוּמֶען דֶעם טָאפּ צוּ קָאכְן אִיר טְשָׁאלְנְט, הָאט זִי זִיךְ בַּאגֶעגְנְט מִיט אַ גֶעפֶערְלִיכֶע גֶערוּךְ. זִי הָאט אַרַיינְגֶעקוּקְט אִינֶעם טָאפּ און זִי הָאט גֶעזֶען אַז עֶס אִיז בַּאדֶעקְט מִיט דִי אִיבֶּערְבְּלַייבֶּענִישְׁן פוּן פַארְדָארְבֶּענֶע פְלֵייש און קַארְטָאפְל. זִי הָאט זִיךְ דֶערְמַאנְט אַז זִי הָאט נִישְׁט אוֹיסְגֶעוַואשְׁן דֶעם טָאפּ פָארִיגֶע וָואךְ. ״נִישְׁט גֶעפֶערְלִיךְ,״ הָאט זִי גֶעטְרַאכְט צוּ זִיךְ. ״אִיךְ וֶועל אַרַיינְלֵייגְן פְרִישֶׁע בָּאנְדְלֶעךְ און פְלֵייש אִין דֶעם טָאפּ און קֵיינֶער וֶועט נִישְׁט זֶען קַיין חִילוּק.״

יֶענֶעם שַׁבָּת הָאט מָרַת. גְרִינְבֶּערְג סֶערְוִוירְט דִי טְשָׁאלְנְט פַאר אַלֶע אִירֶע גֶעסְט, פּוּנְקְט וִוי יֶעדֶע וָואךְ. אָבֶּער זִי הָאט בַּאלְד בַּאמֶערְקְט אַז עֶפֶּעס טוֹיג נִישְׁט.

״אִיךְ מֵיין אַז דִי טְשָׁאלְנְט אִיז פַארְדָארְבְּן,״ הָאט אֵיינֶער פוּן אִירֶע קִינְדֶער גֶעזָאגְט. ״עֶפֶּעס אִיז נִישְׁט גוּט דֶערְמִיט,״ הָאט אַ צְוֵייטֶע זִיךְ אָנְגֶערוּפְן. ״מֶען קֶען דָאס נִישְׁט עֶסְן!״ הָאט אַ דְרִיטֶער אוֹיסְגֶעשְׁרִיגְן.

״וִוי אַזוֹי קֶען דָאס זַיין?״ הָאט מָרַת. גְרִינְבֶּערְג זִיךְ גֶעווּאוּנְדֶערְט. ״אִיךְ הָאבּ גֶענוּצְט מַיין גֶעוֶוענְלִיכְן רֶעצֶעפְּט פוּן יֶעדֶע וָואךְ!״ דֶערְנָאךְ הָאט זִי זִיךְ דֶערְמַאנְט פוּן דֶעם שְׁמוּצִיגְן טָאפּ און זִיךְ אָנְגֶערוּפְן. ״דֶער אֱמֶת אִיז אַז אִיךְ הָאבּ גֶענוּצְט אַ שְׁמוּצִיגְן טָאפּ דִי וָואךְ. אֶפְשָׁר הָאט דָאס גֶעמַאכְט אַ שְׁלֶעכְטְן טַעַם אִין דֶעם טְשָׁאלְנְט. לָאמִיר עֶס פַארְזוּכְן.״

מָרַת. גְרִינְבֶּערְג הָאט פַארְזוּכְט דֶעם טְשָׁאלְנְט און הָאט עֶס שִׁיער אוֹיסְגֶעשְׁפִּיגְן. ״אִיךְ גְלֵייבּ עֶס נִישְׁט!״ הָאט זִי אוֹיסְגֶערוּפְן. ״אִיךְ הָאבּ גֶענוּצְט דִי בֶּעסְטֶע בָּאנְדְלֶעךְ און דִי טַייעֶרְסְטֶע פְלֵייש. אָבֶּער וֶוען מֶען לֵייגְט דָאס אַרַיין אִין אַ שְׁמוּצִיגְן טָאפּ, וֶוערְט דִי גַאנְצֶע טְשָׁאלְנְט פַארְדָארְבְּן!״

דֶער חֵפֶץ חַיִים נוּצְט דֶעם מָשָׁל צוּ פַארְשְׁטֵיין גֶעבְּן וָואס אִיז אַזוֹי גֶעפֶערְלִיךְ מִיט לָשׁוֹן הָרָע. אוּנְזֶער מוֹיל אִיז אַ הֵיילִיגֶע און רֵיינֶע כְּלִי וָואס מֶען קֶען נוּצְן צוּ דַאוֶונֶען, לֶערְנֶען, און זָאגְן גוּטֶע זַאכְן פַאר מֶענְטְשְׁן. אָבֶּער אוֹיבּ מֶען פַארְשְׁמִירְט דֶעם מוֹיל מִיט לָשׁוֹן הָרָע און שְׁלֶעכְטֶע רֵייד, וֶוערְט דָאס מוֹיל שְׁמוּצִיג. און וֶוען מֶען לֶערְנְט אָדֶער דַאוְונְט דִי הֵיילִיגֶע וֶוערְטֶער מִיט אַ שְׁמוּצִיג מוֹיל קוּמֶען אַרוֹיף דִי תְּפִילוֹת צוּם בַּאשֶׁעפֶער פוּל מִיט שְׁמוּץ ח״ו! אוֹיבּ מֶען וִויל אַז דֶער בַּאשֶׁעפֶער זָאל אָנְנֶעמֶען דִי תְּפִילוֹת און דִי תּוֹרָה, מוּז מֶען הַאלְטְן דָאס מוֹיל רֵיין פוּן יֶעדְן דְבַר אִיסוּר.

זיך גְרויסְהַאלְטְן

"אַ בַּעַל גַאֲוָה איז פַארְ'מִיאוּסְ'ט בַּיים בַּאשֶׁעפֶער." (מִשְׁלֵי טז, ה)

אַסַאךְ מָאל הָאבְּן מֶענְטְשְׁן לִיבּ זִיךְ צוּ בַּארִימֶען, הָאפְנְדִיג אַז אַנְדֶערֶע וֶועלְן זֵיי לִיבּ הָאבְּן אוֹיבּ זֵיי וֶועלְן רֶעדְן אַסַאךְ פוּן זִיךְ. דֶער אֱמֶת אִיז אָבֶּער אַז קֵיינֶער הָאט נִישְׁט לִיבּ מֶענְטְשְׁן וָואס הַאלְטְן זִיךְ גְרוֹיס און הַאלְטְן אַז זֵיי זֶענֶען בֶּעסֶער און חָשׁוּבֶ'ער פוּן יֶעדְן אֵיינֶעם.

פְּרוּבִּיר נִישְׁט צוּ וַוייזְן אַז דוּ בִּיסְט בֶּעסֶער פוּן יֶעדְן.

דָאס מַאכְט דֶעם מֶענְטְשׁ שְׁפִּירְן זַייעֶר שְׁלֶעכְט. כָאטְשׁ דוּ בִּיסְט פְרֵיילִיךְ אַז דוּ הָאסְט גֶעווּינֶען, טָאר מֶען זִיךְ נִישְׁט גְרוֹיסְהַאלְטְן דֶערְמִיט אוּן דֶערְנִידֶערְן יֶענֶעם.

מַאךְ זִיךְ נִישְׁט אַז אוֹיבּ דוּ וָואלְסְט גֶעשְׁפִּילְט בֶּעסֶער וָואלְסְטוּ גֶעווּינֶען. קֵיינֶער הָאט נִישְׁט לִיבּ צוּ שְׁפִּילְן מִיט אֵיינֶעם וָואס וויל נִישְׁט מוֹדֶה זַיין אוֹיבּ עֶר הָאט פַּארְלוֹירְן.

גֶעדֶענְק: עֶס אִיז גוּט צוּ זַיין "וויכְטִיג", אָבֶּער עֶס אִיז וויכְטִיגֶער צוּ זַיין גוּט!

דֶערְצֵייל נִישְׁט פַאר אַנְדֶערֶע וֶועלְכֶע צֵייכֶענוּנְג דוּ הָאסְט בַּאקוּמֶען. עֶס קֶען זֵיי מַאכְן פִילְן שְׁלֶעכְט.

עֶסְן נַאכְטְמָאל

פְרַאגֶע: **עֶס זֶענֶען דָא אַסַאךְ זַאכְן וָואס וֶוערְן גֶעטוּן אוּמְרִיכְטִיג אִין דֶעם בִּילְד. וִויפִיל קֶענְסְטוּ טְרֶעפְן?**

עֶנְטְפֶער:

- אַ מֵיידְל ווִישְׁט אָפּ אִיר שְׁמוּצִיגֶע מוֹיל מִיט אִיר עֶרְמְל.
- אַ מֵיידְל רֶעדְט מִיט עֶסְן אִין מוֹיל.
- אַ יוּנְגְל נֶעמְט מֶער ווִיפִיל עֶר דַארף.
- אַ יוּנְגְל הוּסְט אָן צוּדֶעקְן זַיין מוֹיל.
- אַ יוּנְגְל זָאגְט "גִיבּ מִיךְ אַ גְלֶעזְל!" אוּן עֶר זָאגְט נִישְׁט "בִּיטֶע".
- אַ מֵיידְל עֶנְדִיגְט וַואשְׁן אִירֶע הֶענְט אוּן לֵייגְט נִישְׁט צוּרִיק דֶעם לֵיידִיגְן טֶעפְּל אִין דֶעם סִינְק, בִּשְׁעַת אֵיינֶער ווַארְט זִיךְ צוּ וַואשְׁן הִינְטֶער אִיר. זִי ווָאלְט גֶעדַארְפְט לֵייגְן דֶעם טֶעפְּל אוּנְטֶער'ן סִינְק עֶס צוּרִיק אָנְצוּפִילְן פַאר דִי קוּמֶענְדִיגֶע מֵיידְל.

ווִישׁ נִישְׁט אָפּ דַיין שְׁמוּצִיגֶע מוֹיל אָדֶער הֶענְט מִיט דַיינֶע קְלֵיידֶער. הַאלְט אַ פַּאפִּיר נֶעבְּן דִיר וֶוען דוּ דַארְפְסְט עֶסְן, אוּן נוּץ עֶס זִיךְ אָפְּצוּוִוישְׁן אוֹיבּ דוּ וֶוערְסְט שְׁמוּצִיג.

"בְּכָל עֵת יִהְיוּ בְגָדֶיךָ לְבָנִים – דַיינֶע קְלֵיידֶער זָאלְן שְׁטֶענְדִיג זַיין רֵיין." (קֹהֶלֶת ט, ח, עַל פִּי מְצוּדַת דָּוִד)

רֶעד נִישְׁט מִיט עֶסְן אִין מוֹיל.

"מֶען טָאר נִישְׁט רֶעדְן בִּשְׁעַת מֶען הָאט עֶסְן אִין מוֹיל. עֶס אִיז אַ סַכָּנָה וִויבַּאלְד דִי עֶסְן קֶען אַרָאפְּגֵיין אִין דֶעם רֶער וָואס אִיז גֶעמַאכְט צוּ אָטֶעמֶען." (שֻׁלְחָן עָרוּךְ, אֹרַח חַיִּים קע, א)

אוֹיבּ אֵיינֶער פְרֶעגְט דִיר עֶפֶּעס בִּשְׁעַת דוּ הַאלְטְסְט אִינְמִיטְן עֶסְן, שְׁלִינְג עֶס אַרָאפּ אוּן נָאכְדֶעם עֶנְטְפֶער. עֶס אִיז נִישְׁט שֵׁיין צוּ רֶעדְן מִיט עֶסְן אִין מוֹיל, אוֹיסֶער דֶעם וָואס עֶס אִיז אַ סַכָּנָה.

פַארְוָואס לָאזְטוּ נִישְט אִיבֶּער אַבִּיסְל פַאר אַ צְוֵוייטְן? אִיךְ וִויל אוֹיךְ!
אַההה
גִיבּ מִיךְ אַ גְלֶעזְל!
הוּסְט
אִיךְ זֶע אַז דוּ טֵיילְסְט אַזוֹי שֵׁיין עֶסְן פַאר אַנְדֶערֶע
פַאר וֶועמֶען הָאבּ אִיךְ גֶעטֵיילְט?
דוּ הָאסְט גֶעטֵיילְט עֶסְן פַאר דַיינֶע עֶרְמְל!
דוּ וֵוייסְט וָואס הָאט פַּאסִירְט הַיינְט אִין סְקוּל?

נעם אַ געוועגליכע פּאַרציע עסן; לאָז איבער עסן פאַר אַנדערע.

צום בייַשפּיל, אויב עס זענען דאָ צען זויערע אוגערקעס אויפ'ן טיש און עס זענען דאָ בערך צען מענטשן בייַם טיש, נעם נישט מער ווי איין זויערע אוגערקע ווייל דעמאָלט וועט נישט זיין גענוג פאַר אַנדערע.

אויב עס זענען נאָר דאָ צוויי זויערע אוגערקעס איבערגעבליבן און דו ווילסט נעמען ביידע, זאָלסטו קודם פרעגן, "נאָך איינער וויל זויערע אוגערקעס אָדער איך קען עס ענדיגן?"

פיר זיך אויף אויף אַן אופן וואָס אַנדערע מענטשן וועלן הנאה האָבן פון דיר.

מען טאָר נישט געניצן אינמיטן דאַוועגען שמונה עשרה ווייל עס איז נישט קיין כבוד. אויב אַ מענטש דאַרף געניצן זאָל ער צודעקן דעם מויל כדי זיך נישט אויפצופירן אומאיידל פאַר'ן באַשעפער. (שלחן ערוך, אורח חיים צז, א)

ווען מען רעדט מיט אַנדערע מענטשן דאַרף מען אויך ווייזן רעספּעקט פאַר זיי. עס איז דעריבער נישט איידל צו געניצן מיט אַן אָפענעם מויל. אויב מען דאַרף געניצן זאָל מען צודעקן דעם מויל.

ווען דו בעטסט עפּעס, זאָג "ביטע".

איידער יצחק אבינו איז נפטר געוואָרן, האָט ער געוואָלט בענטשן עשו. רבקה האָט געזען מיט רוח הקודש אַז יעקב דאַרף באַקומען די ברכה, האָט זי אים געהייסן זיך אָנטון אַזוי ווי עשו און אַריינקומען צו זיין טאַטן און אים ברענגען עסן. ווען יעקב איז אַריינגעקומען צו יצחק, וועלכער איז שוין געווען בלינד, האָט ער געזאָגט "קום נא שבה - ביטע זעץ זיך אויף."

ווי נאָר יצחק האָט געהערט די ווערטער האָט ער חושד געווען אַז דער וואָס שטייט פאַרנט פון אים איז יעקב און נישט עשו. דו ווייסט פאַרוואָס ער האָט געטראַכט אַז דאָס איז יעקב? ווייל ער האָט געזאָגט "ביטע", און עשו הרשע האָט קיינמאָל נישט געזאָגט "ביטע". (פרשת תולדות, בראשית כז, כב, רש"י)

מען דאַרף זיך לערנען פון יעקב אבינו צו זאָגן "ביטע" ווען מען בעט עפּעס. "ביטע" (אָדער "פּליז") איז אַ וויכטיגע וואָרט צו נוצן, און אויב מען נוצט עס נישט קען מען זיך הערן אומ'דרך ארץ'דיג. ווען מען בעט עפּעס און מען לייגט צו "ביטע" וועלן מענטשן דיר ענדערש העלפן.

נעם עס אַ טריט ווייטער!

פול צוריק אַן דעם טעפּל

עס איז אַ שיינע זאַך צוריקצושטעלן דעם טעפּל אונטער דעם סינק נאָכדעם וואָס דו נוצט כדי עס זאָל ווערן צוריק אָנגעפולט פאַר דעם נעקסטן מענטש וואָס גייט זיך וואַשן.

זִיך אַרַיינְכַאפְּן

עֶס אִיז נִישְׁט אֵיידְל צוּ בֶּעטְן אַ צְוֵוייטְן וָואס שְׁטֵייט אוֹיף אַ שׁוּרָה אַז מֶען זָאל דִיר לָאזְן גֵיין פָּארְאוֹיס, אוֹיסֶער אוֹיבּ דוּ הָאסְט אַ וִויכְטִיגֶע סִיבָּה דֶערְצוּ.

הֲלָכָה ווִינְקֶל

פְרַאגֶע: **מֶעג מֶען זִיך אַרַיינְכַאפְּן אִינְמִיטְן אַ שׁוּרָה אוֹיבּ עֶר הָאט רְשׁוּת פוּן דֶעם מֶענְטְשׁ וָואס שְׁטֵייט דָארְט וואוּ עֶר כַאפְּט זִיך אַרַיין?**

עֶנְטְפֶער: אוֹיבּ עֶס אִיז דָא אַ שׁוּרָה, מוּז יֶעדֶער אֵיינֶער וַוארְטְן אוֹיף זַיין רַייעֶ. עֶס אִיז נִישְׁט אוֹיסְגֶעהַאלְטְן זִיך אַרַיינְצוּכַאפְּן אִינְמִיטְן אַ שׁוּרָה אוֹיסֶער אוֹיבּ יֶעדֶער אֵיינֶער הִינְטֶער דִיר אִיז מַסְכִּים. דִי סִיבָּה אִיז וַוייל אוֹיבּ דוּ כַאפְּסְט זִיך אַרַיין וֶועלְן דִי אַלֶע מֶענְטְשְׁן דַארְפְן וַוארְטְן אַבִּיסְל לֶענְגֶער צוּלִיבּ דִיר.

גֶעדֶענְק: אַלֶע מֶענְטְשְׁן אוֹיף דִי שׁוּרָה שְׁטֵייעֶן אוּן וַוארְטְן גֶעדוּלְדִיג אוֹיף זֵייעֶר רַייעֶ. דוּ מוּזְט אוֹיךְ זַיין גֶעדוּלְדִיג אוּן וַוארְטְן אוֹיף דַיין רַייעֶ.

אִיבֶּערְהַאקְן

שִׁבְעָה דְּבָרִים בְּחָכָם... אֵינוֹ נִכְנָס לְתוֹךְ דִּבְרֵי חֲבֵירוֹ – עֶס זֶענֶען דָא זִיבְּן זַאכְן וִוי אַזוֹי אַ קְלוּגֶער מֶענְטְשׁ פִירְט זִיךְ אוֹיף... עֶר הַאקְט נִישְׁט אִיבֶּער בְּשַׁעַת אַ צְוֵוייטֶער רֶעדְט.

(מִשְׁנָה אָבוֹת ה, ט).

וֶוען אֵיינֶער רֶעדְט, וַוארְט בִּיז יֶענֶער עֶנְדִיגְט אֵיידֶער דוּ הֵייבְּסְט אָן רֶעדְן.

פְרַאגֶע: וֶוען עֶרְוַואקְסֶענֶע מֶענְטְשְׁן רֶעדְן אוּן דוּ ווילְסְט זֵיי עֶפֶּעס זָאגְן, וָואס זָאלְסְטוּ טוּן?

עֶנְטְפֶער:

- שְׁטֵיי נֶעבְּן זֵיי אוּן וַוארְט גֶעדוּלְדִיג בִּיז זֵיי וֶועלְן דִיר בַּאמֶערְקְן. וֶוען זֵיי וֶועלְן זַיין גְרֵייט צוּ רֶעדְן צוּ דִיר, וֶועלְן זֵיי דִיר פְרֶעגְן וָואס דוּ ווילְסְט.
- אוֹיבּ דוּ וַוארְטְסְט אַ שְׁטִיק צַייט אוּן זֵיי הָאבְּן דִיר נָאכְנִישְׁט בַּאמֶערְקְט, קֶענְסְטוּ זָאגְן "אַנְטְשׁוּלְדִיגְט", אוּן וַוארְטְן שְׁטִיל בִּיז זֵיי זֶענֶען גְרֵייט צוּ רֶעדְן צוּ דִיר.
- אוֹיבּ עֶס אִיז גָאר אַ ווִיכְטִיגֶע זַאךְ, וִוי לְמָשָׁל אוֹיבּ אֵיינֶער הָאט זִיךְ שְׁטַארְק צוּקְלַאפְּט, זָאג "אַנְטְשׁוּלְדִיגְט", אוּן דֶערְצֵייל וָואס הָאט פַּאסִירְט.

גֶעדֶענְק: דָאס זֶעלְבֶּע אִיז שַׁיָיךְ וֶוען דַיינֶע עֶלְטֶערְן רֶעדְן אוֹיפְ'ן טֶעלֶעפָאן. הַאק זֵיי נִישְׁט אִיבֶּער אוֹיסֶער אוֹיבּ עֶס אִיז זֵייעֶר וִויכְטִיג.

אויבּ צְווײ מֶענְטְשְׁן שְׁטֵייעֶן און רֶעדְן צְווישְׁן זִיך, גֵיי נִישְׁט אַדורְךְ צְווישְׁן זֵיי, וַוייל דָאס שְׁטֶערְט זֵייעֶר שְׁמוּעס.

אויבּ דוּ קֶענְסְט נִישְׁט אַרוּמְגֵיין און דוּ מוּזְט אַדוּרְכְגֵיין צְווישְׁן זֵיי, זָאג, "אַנְטְשׁוּלְדִיגְט".

אויבּ אֵיינֶער דֶערְצֵיילְט דִיר אַ מַעֲשֶׂה, הַאק אִים נִישְׁט אִיבֶּער און עֶנְדִיג נִישְׁט דִי מַעֲשֶׂה אַלֵיין – אֲפִילוּ אויבּ דוּ קֶענְסְט עֶס שׁוין.

אויבּ אֵיינֶער דֶערְצֵיילְט דִיר אַ וִויץ וָואס דוּ קֶענְסְט שׁוין, דַארְפְסְטוּ אִים נִישְׁט אִיבֶּערְהַאקְן און זָאגְן אַז דוּ וֵייסְט עֶס שׁוין. לָאז יֶענֶעם עֶנְדִיגְן דֶעם וִויץ און גִיבּ אַ שְׁמֵייכְל.

הַאלְט אָפְן דֶעם טִיר

וֶוען דוּ גֵייסְט אַדוּרְךְ אַ טִיר, קוּק צוּ זֶען אויבּ אֵיינֶער קוּמְט. אויבּ אֵיינֶער קוּמְט, אִיז אַ שֵׁיינֶע זַאךְ צוּ הַאלְטְן דֶעם טִיר אָפְן פַאר אִים.

זִיך שְׁטוּפְּן

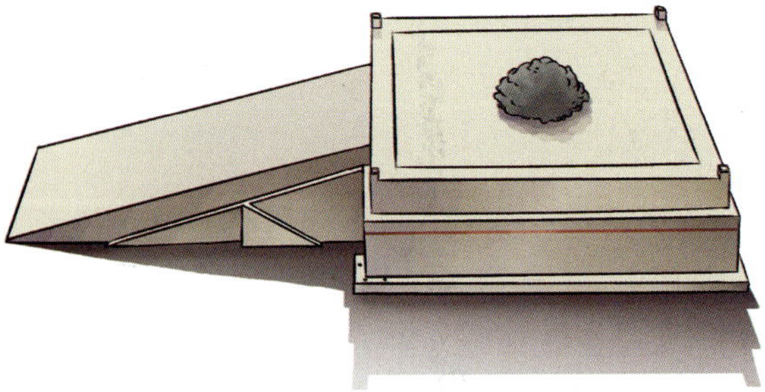

װען דער בֵּית הַמִקְדָשׁ איז געשטאנען, האבן די כֹּהֲנִים געוואוסט אַז עס איז אַ גרויסע זְכִיָה צוּ טוּן די עֲבוֹדָה. איין עֲבוֹדָה איז געווען די מִצְוָה פוּן תְּרוּמַת הַדֶשֶׁן. יעדן טאג האט איין כֹּהֵן גענומען אביסל אַשׁ פוּן דעם מִזְבֵּחַ און האט עס געלייגט אויף דער ערד נעבן דעם מִזְבֵּחַ. אלע כֹּהֲנִים האבן געוואלט טוּן די עֲבוֹדָה פוּן תְּרוּמַת הַדֶשֶׁן אבער נאר איין כֹּהֵן האט זוֹכֶה געווען דערצוּ.

יעדן צוּפְרִי פלעגן די כֹּהֲנִים אַרויפלויפן אויף דעם שִׁיפּן כֶּבֶשׁ פוּן דעם מִזְבֵּחַ כְּדֵי צוּ זוֹכֶה זיין אין דער מִצְוָה. דער כֹּהֵן וואס איז אָנגעקומען ערשט צום שְׁפִּיץ פוּנעם מִזְבֵּחַ האט זוֹכֶה געווען צוּ טוּן תְּרוּמַת הַדֶשֶׁן.

איין טאג האבן צוויי כֹּהֲנִים זיך געיאגט אַרויפצולויפן דעם מִזְבֵּחַ, און איינער האט מוֹרָא געהאט אַז דער צווייטער וועט אים איבערכאפן, האט ער אים אַראפגעשטופט פוּן דעם מִזְבֵּחַ. יענער כֹּהֵן איז אַראפגעפאלן פוּן דעם כֶּבֶשׁ און האט זיך צוּבראכן זיין פוּס.

פוּן דעמאלט אָן האבן די חֲכָמִים אויסגערופן אַז מען וועט מער נישט אַרויפלויפן אויפ'ן כֶּבֶשׁ, נאר יעדן טאג וועט מען מאכן אַ גוֹרָל און דער געווינער וועט זוֹכֶה זיין אין דער מִצְוָה פוּן תְּרוּמַת הַדֶשֶׁן.

(מִשְׁנָה יוֹמָא ב, ב)

פוּן דער מַעֲשֶׂה לערנען מיר אַז אֲפִילוּ אויב מען לויפט צוּ טוּן אַ מִצְוָה טאר מען זיך נישט שטופּן. און אַוַדַאי אויב מען לויפט צוּ געווינען אַ געים אָדער צוּ זיין דער ערשטער אין דער שׁוּרָה טאר מען זיך זיכער נישט שטופּן.

מען טאר זיך קיינמאל נישט שטופּן.

רֶעד קְלָאר

אויב דוּ ווילסט רעדן צוּ איינעם, זאג זיין נאמען - בִּפְרַט אויב עס איז אַ וויכטיגע זאך!

פְרַאגֶע: **פַארְוָואס הָאט קֵיינֶער נִישְט אַרוֹיפְגֶעשִיקְט דִי קֶעטְשָאפּ וֶוען דָאס קִינְד הָאט גֶעבֶּעטְן דֶעם עֶרְשְטְן מָאל?**

עֶנְטְפֶער: אַלֶע קִינְדֶער זֶענֶען גֶעוֶוען אַרַיינְגֶעטוּן אִין זֵייעֶרֶע אֵייגֶענֶע גֶעדַאנְקֶען אוּן הָאבְּן נִישְט גֶעכַאפְּט אַז אֵיינֶער רֶעדְט צוּ זֵיי. דֶער יוּנְגְל וָואלְט גֶעדַארְפְט זָאגְן אֵיינֶעמְ'ס נָאמֶען כְּדֵי יֶענֶער זָאל זִיךְ צוּהֶערְן צוּ אִים. עֶס וָואלְט גֶעוֶוען אַסַאךְ בֶּעסֶער אוֹיבּ עֶר זָאגְט "מוֹישִי, קֶענְסְט מִיךְ בִּיטֶע גֶעבְּן דִי קֶעטְשָאפּ?"

גֶעדֶענְק: אוֹיבּ עֶס אִיז אַן עֶמֶערְדְזְשֶענְסִי, בֶּעט הִילְף פוּן אַן עֶרְוַואקְסֶענֶעם מֶענְטְש אָדֶער רוּף הַצָּלָה אָדֶער 911. מַאךְ זִיכֶער אַז דוּ גֶעדֶענְקְסט דִי נוּמֶער פוּן הַצָּלָה אָדֶער אַז עֶס אִיז אוֹיפְגֶעשְרִיבְּן אוֹיפְ'ן טֶעלֶעפָאן!

עֶנְטְפֶער קְלָאר וֶוען מֶען פְרֶעגְט דיר אַ פְרַאגֶע

אוֹיבּ אֵיינֶער פְרֶעגְט וואוּ דוּ בִּיסְט, זָאג אִים אִין וֶועלְכְן צִימֶער דוּ גֶעפִינְסְט זִיך. אוֹיבּ אֵיינֶער פְרֶעגְט "וֶוער אִיז דָארְט?" זָאג דַיין נָאמֶען.

גְרִיסְן מֶענְטְשְׁן

"רֶבִּי יוֹחָנָן בֶּן זַכַּאי הָאט שְׁטֶענְדִיג גֶעגְרִיסְט אַנְדֶערֶע מֶענְטְשְׁן אֵיידֶער זֵיי הָאבְּן אִים גֶעגְרִיסְט." (בְּרָכוֹת יז, ע"א)

לָאמִיר זִיךְ לֶערְנֶען פוּן רֶבִּי יוֹחָנָן צוּ גְרִיסְן מֶענְטְשְׁן וָועמֶען מִיר טְרֶעפְן יֶעדְן טָאג.

עֶס אִיז דִיר שׁוֹין אַמָאל אַיינְגֶעפַאלְן צוּ גְרִיסְן "אַ גוּטְן טָאג" פַאר דַיין בָּאס דְרַייוֶוער? אוּן פַאר דַיין שָׁכֵן? אוּן פַאר דֶעם פָּאסְט טְרֶעגֶער? רֶבִּי יוֹחָנָן הָאט זִיכֶער גֶעמַאכְט צוּ גְרִיסְן יֶעדְן אֵיינֶעם, אֲפִילוּ פְרֶעמְדֶע מֶענְטְשְׁן וָועמֶען עֶר הָאט נָאךְ קֵיינְמָאל נִישְׁט גֶעזֶען. אוּן אַוַדַאי זָאלְסְטוּ גְרִיסְן מֶענְטְשְׁן וָועמֶען דוּ קֶענְסְט. וֶוען דוּ קוּמְסְט אִין חֵדֶר אָדֶער אִין שׁוּלֶע, זָאג "גוּט מָארְגְן" פַאר דַיינֶע חֲבֵרִים אָדֶער חַבְרֶ'טֶעס. אוֹיבּ דוּ בַּאגֶעגֶנְסְט אוֹיפְ'ן גַאס אַ יוּנְגְל אָדֶער מֵיידְל פוּן דַיין קְלַאס, גְרִיס זֵיי שֵׁיין, אֲפִילוּ אוֹיבּ יֶענֶער אִיז נִישְׁט אַזוֹי נָאנְט מִיט דִיר.

אוּן אַוַדַאי אוֹיבּ דוּ טְרֶעפְסְט דַיין רֶבִּי אָדֶער לֶערֶערִין אוֹיפְ'ן גַאס זָאלְסְטוּ אַרִיבֶּערְגֵיין אוּן שֵׁיין בַּאגְרִיסְן.

"אוֹיבּ אֵיינֶער גְרִיסְט אַ צְוֵוייטְן אוּן יֶענֶער עֶנְטְפֶערְט נִישְׁט צוּרִיק, אִיז דָאס פּוּנְקְט וִוי עֶר וָואלְט גֶע'גַנְבֶ'עט פוּן יֶענֶעם." (בְּרָכוֹת ו, ע"ב).

דִי סִיבָּה אִיז ווַיבַּאלְד דוּ נֶעמְסְט אַוֶועק פוּן יֶענֶעם עֶפֶּעס וָואס עֶס קוּמְט זִיךְ אִים.

אוֹיבּ דוּ אִיגְנָארִירְסְט אַ מֶענְטְשׁ וָואס גְרִיסְט דִיר, וָועט עֶר מֵיינֶען אַז דוּ בִּיסְט בְּרוֹגֶז אוֹיף אִים.

וֶוען אֵיינֶער פוּן דַיינֶע בַּאקַאנְטֶע גְרִיסְט דִיר, גְרִיס צוּרִיק, אֲפִילוּ אוֹיבּ דוּ שֶׁעמְסְט זִיךְ.

וֶוען אֵיינֶער גְרִיסְט דִיר, עֶנְטְפֶער צוּרִיק גֶענוּג הוֹיךְ אַז עֶר זָאל קֶענֶען הֶערְן. אַזוֹי אוֹיךְ אוֹיבּ אֵיינֶער גִיבְּט דִיר שָׁלוֹם עֲלֵיכֶם, כַאפּ אָן פֶּעסְט זַיין הַאנְט.

זַיין אַ פְרֵיינְטְלִיכֶער גַאסְט גֶעבֶּער

קֶענְסְטוּ צוּשְׁטֶעלְן דִי בִּילְד צוּ דֶעם זַאץ?

☑ אוֹיבּ דוּ גִיסְט זִיךְ אָן אַ גֶעטְרַאנְק אָדֶער דוּ נֶעמְסְט עֶפֶּעס צוּ עֶסְן, טְרָאג אוֹיךְ אָן פַאר דַיין גַאסְט.

☑ בַּאגְלֵייט דַיין גַאסְט וֶוען עֶר גֵייט אַרוֹיס אוּן בַּאדַאנְק זִיךְ פַאר אִים פַארְ'ן קוּמֶען.

☑ מַאךְ זִיכֶער אַוֶועקְצוּלֵייגְן סַיי וֶועלְכֶע שְׁפִּילְצַייג אוּן גֶעימְס מִיט וָואס אִיר הָאט גֶעשְׁפִּילְט.

☑ נֶעם נִישְׁט עֶסְן אוֹיבּ עֶס אִיז נִישְׁטָא גֶענוּג פַאר אַנְדֶערֶע.

☑ לָאז דַיין גַאסְט שְׁפִּילְן וֶועלְכֶע שְׁפִּיל עֶר גְלַייכְט.

☑ לָאז דַיין גַאסְט גֵיין עֶרְשְׁט וֶוען אִיר שְׁפִּילְט אַ גֶעים.

אַ גַאסְט ווי עֶס פַּאסְט

אָרָאנְדְזשֶׁע הֶעמְד = גַאסְט גֶעבֶּער

בְּלוֹיֶע הֶעמְד = גַאסְט

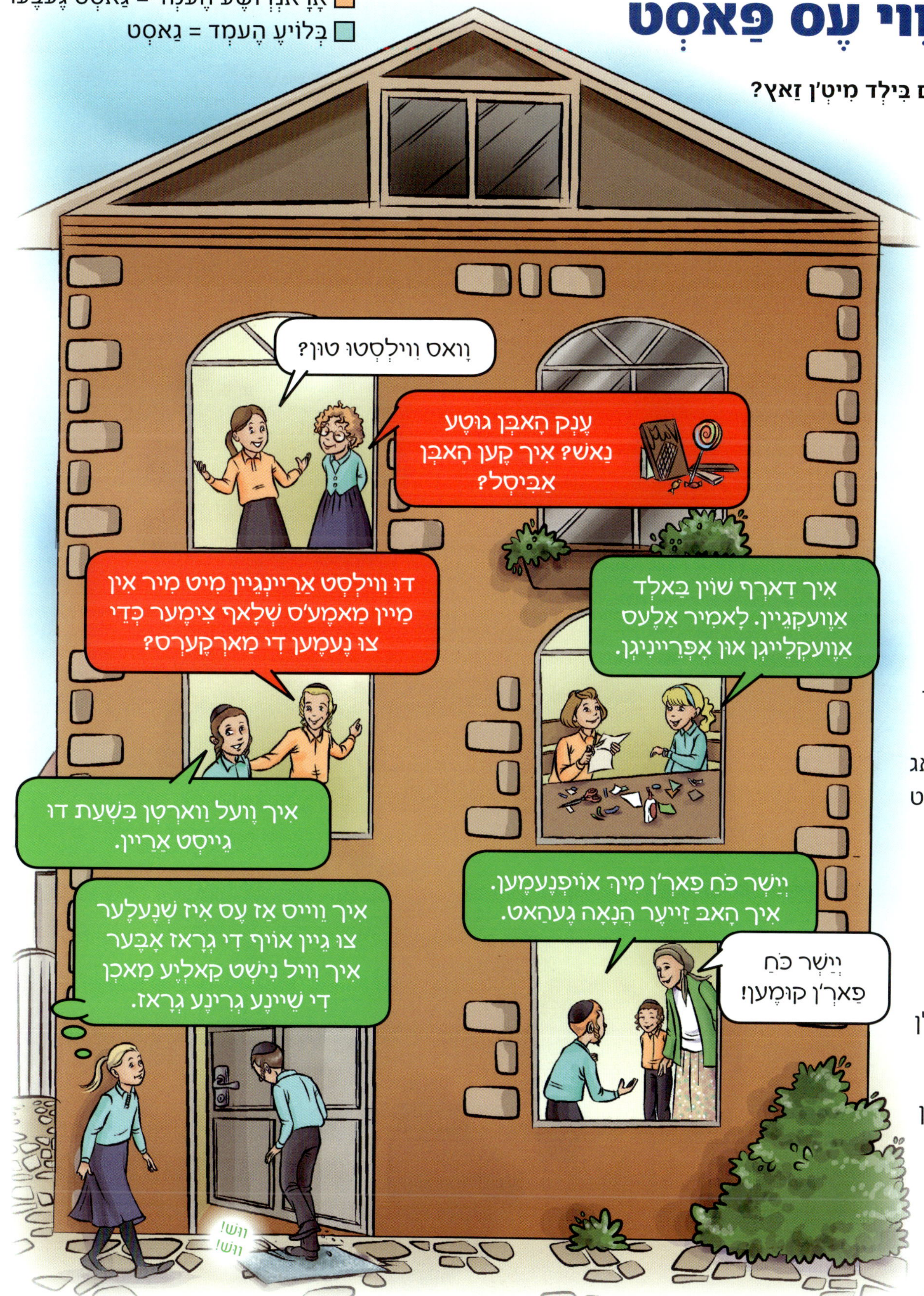

קֶענְסְטוּ צוּשְׁטֶעלְן דֶעם בִּילְד מִיטְ'ן זַאץ?

- ☑ בֶּעט נִישְׁט קַיין עֶסְן. אוֹיבּ דוּ בִּיסְט דָארְטְן אַ לֶענְגֶערֶע צַייט אוּן דוּ בִּיסְט שׁוֹין הוּנְגֶערִיג, קֶענְסְטוּ בֶּעטְן עֶפֶּעס עֶסְן.
- ☑ אוֹיבּ דַיינֶע שִׁיךְ זֶענֶען נַאס אָדֶער בְּלָאטִיג, ווִישׁ זֵיי אָפּ אֵיידֶער דוּ גֵייסְט אַרַיין אִין דֶעם הוֹיז כְּדֵי דוּ זָאלְסְט נִישְׁט פַּארְשְׁמִירְן דִי פְּלָאר.
- ☑ אֵיידֶער דוּ גֵייסְט אַוֶועק, בַּאדַאנְק זִיךְ פַאר דַיין חַבֶר אוּן פַאר זַיינֶע עֶלְטֶערְן פַארְ'ן דִיר אוֹיפְנֶעמֶען, אוּן זָאג זֵיי ווִי שְׁטַארְק דוּ הָאסְט הֲנָאָה גֶעהַאט.
- ☑ גֵיי נִישְׁט אוֹיף דִי גְרָאז אוֹיסֶער אוֹיבּ דוּ וֵוייסְט אַז זֵייעֶרֶע עֶלְטֶערְן זֶענֶען מַסְכִּים מֶען זָאל גֵיין אוּן שְׁפִּילְן אוֹיף דִי גְרָאז.
- ☑ גֵיי נִישְׁט אַרַיין אִין דִי עֶלְטֶערְנְ'ס שְׁלָאף צִימֶער.
- ☑ מַאךְ זִיכֶער אַוֶועקְצוּלֵייגְן דִי שְׁפִּילֶערַייעֶן מִיט וֶועלְכְן דוּ הָאסְט גֶעשְׁפִּילְט.

רוּף אוֹיס אֵיידֶער דוּ קוּמְסְט

דֶער כֹּהֵן גָדוֹל פְלֶעגְט טְרָאגְן אַ בְּלוֹיעַ מְעִיל מִיט גָאלְדֶענֶע גְלֶעקְלֶעך פוּן אוּנְטְן. יֶעדְן מָאל וָואס עֶר אִיז גֶעגַאנְגֶען הָאבְּן דִי גְלֶעקְלֶעך גֶעקְלִינְגֶען. פַארְוָואס הָאט עֶר גֶעטְרָאגְן גְלֶעקְלֶעך אוֹיפְ'ן מְעִיל? כְּדֵי מֶען זָאל וִויסְן אַז עֶר אִיז אָנְגֶעקוּמֶען אִין מִשְׁכָּן.

פוּן דֶעם לֶערְנֶען מִיר אַז וֶוען אַ מֶענְטְשׁ גֵייט אַרִיבֶּער צוּ זַיין חַבֶר'ס הוֹיז, זָאל עֶר קוֹדֶם קְלַאפְּן אוֹיפְ'ן טִיר כְּדֵי דֶער חַבֶר זָאל וִויסְן אַז עֶר אִיז דָארְט. אֲפִילוּ אוֹיבּ דֶער טִיר אִיז אָפְן זָאל עֶר נִישְׁט אַרַיינְגֵיין, נָאר עֶר זָאל קְלַאפְּן אוּן וַוארְטְן בִּיז מֶען לַאדְנְט אִים אֵיין אַרַיינְצוּקוּמֶען.

(יַלְקוּט שִׁמְעוֹנִי, שְׁמוֹת שפב. זֶע אוֹיךְ יַלְקוּט מֵעַם לוֹעֵז, שְׁמוֹת כח, לה).

וֶוען דוּ גֵייסְט אַרִיבֶּער צוּ אַ חַבֶר'ס הוֹיז, לָאז וִויסְן פַאר זַיינֶע עֶלְטֶערְן אַז דוּ בִּיסְט דָארְט. בַּאגְרִיס זֵיי וֶוען דוּ קוּמְסְט אַרַיין אוּן וֶוען דוּ גֵייסְט אַרוֹיס.

עֶס אִיז דֶרֶךְ אֶרֶץ אַזוֹי צוּ טוּן אוֹיךְ בַּיי דִיר אִינְדֶערְהֵיים. וִוי נָאר דוּ קוּמְסְט אָן אַהֵיים זָאלְסְטוּ אוֹיפְזוּכְן דַיינֶע עֶלְטֶערְן אוּן זֵיי גְרִיסְן. אֵיידֶער דוּ גֵייסְט אַרוֹיס, גְרִיס זֵיי. אֵיידֶער דוּ גֵייסְט שְׁלָאפְן, גְרִיס אַ "גוּטֶע נַאכְט" פַאר דַיינֶע עֶלְטֶערְן.

הַאלְטְן אַ סוֹד

"מְען טָאר נִישְׁט אַנְטְפְּלֶעקְן עֶפֶּעס וָואס דַארְף גֶעהַאלְטְן וֶוערְן אַלְס אַ סוֹד."

(חָפֵץ חַיִּים, הִלְכוֹת רְכִילוּת ח, ה; שַׁעֲרֵי תְּשׁוּבָה ג, רכה)

דוּ טָארְסְט נִישְׁט אוֹיסְזָאגְן פַאר אַנְדֶערֶע אַ צְווייטְנ'ס סוֹד, אֲפִילוּ אוֹיבּ דוּ זָאגְסְט אָן פַאר יֶענֶעם, "זָאג נִישְׁט אוֹיס פַאר קֵיינֶעם, אָבֶער..."

אוֹיבּ דוּ זָאגְסְט אוֹיס אַנְדֶערֶע מֶענְטְשְׁנ'ס סוֹדוֹת, וֶועט דִיר קֵיינֶער מֶער נִישְׁט גֶעטְרוֹיעְן מִיט זֵייעֶרֶע סוֹדוֹת וַוייל זֵיי וֶועלְן זֶען אַז מֶען קֶען דִיר נִישְׁט גֶעטְרוֹיעְן אַז דוּ וֶועסְט נִישְׁט דֶערְצֵיילְן וַוייטֶער.

אַרײַנְנֶעמֶען אַנְדֶערֶע

די חַסִידָה אִיז אַ גֶעוִויסֶע מִין פוֹיגְל וֶועלְכֶע וֶוערְט דֶערְמַאנְט אִין די תּוֹרָה צְווִישְׁן די טָמֵא'נֶע עוֹפוֹת. חֲזַ"ל זָאגְן אַז עֶס וֶוערְט אָנְגֶערוּפְן 'חַסִידָה' ווײַבַּאלְד עֶס טוּט חֶסֶד מִיט אַנְדֶערֶע פוֹיגְל. אָבֶּער עֶס טוּט בְּלוֹיז חֶסֶד מִיט אַנְדֶערֶע חַסִידָה פוֹיגְל, נִישְׁט מִיט גֶעוֶועוּנְלִיכֶע פוֹיגְל. דֶערְפַאר זָאגְט די תּוֹרָה אַז עֶס אִיז נִישְׁט כָּשֵׁר, ווײַבַּאלְד עֶס טוּט נָאר חֶסֶד מִיט דֶעם זֶעלְבְּן מִין.

(חֻלִּין סג, א. חִדּוּשֵׁי הָרִי"ם)

מֶען מוּז זִיך אוֹיפְפִירְן שֵׁיין צוּ יֶעדְן אֵיינֶעם, נִישְׁט בְּלוֹיז אוּנְזֶערֶע גוּטֶע חַבֵרִים אוּן די אֵייגֶענֶע גְרוּפֶּע. אֲפִילוּ אוֹיבּ מֶענְטְשְׁן זֶעעֶן אוֹיס אַנְדֶערְשׁ ווִי אוּנְז, דַארְפְן מִיר זַיין גוּט צוּ זֵיי.

פְּרוּבִּיר צוּ זֶען אוֹיבּ עֶס זֶענֶען דָא אַנְדֶערֶע וָואס זֶעעֶן אוֹיס אֵיינְזַאם אוּן אַלֵיין. לַאדְן זֵיי אֵיין אַנְטֵיילְצוּנֶעמֶען אִין אַייעֶרֶע אַקְטִיוִויטֶעטְן אוּן פַארְבְּרֶענְגֶען צוּזַאמֶען.

וֶוען דֶער קָאפִּישְׁנִיצֶער רֶבִּי'ס אֵיינִיקְל אִיז אַרַיין אִין הוֹיךְ שׁוּלֶע, הָאט עֶר אִיר גֶעזָאגְט: "דוּ בִּיסְט אַ חָשׁוּבֶ'ע מֵיידְל פוּן אַ חָשׁוּבֶ'ע מִשְׁפָּחָה, אַסַאךְ מֵיידְלֶעךְ גֵייעֶן וֶועלְן זַיין דַיין חַבֶרְ'טֶע. אָבֶּער דַיין אוֹיפְגַאבֶּע אִיז צוּ זַיין די חַבֶרְ'טֶע פוּן די מֵיידְלֶעךְ וָואס קֵיינֶער ווִיל זִיך נִישְׁט חַבֶרְ'ן מִיט זֵיי."

רִבְקִי הָאט נִישְׁט לִיבּ צוּ זַיין אוֹיסְגֶעשְׁלָאסְן פוּן די גְרוּפֶּע...

יֶעצְט אַז רִבְקִי אִיז אַ חֵלֶק פוּן דִי גְרוּפֶּע, וֶועט זִי מַאכְן זִיכֶער אַז אֶסְתִּי פִילְט נִישְׁט אוֹיסְגֶעשְׁלָאסְן?

פְרַאגֶע: **ווִי אַזוֹי וָואלְסְטוּ גֶעפִילְט אוֹיבּ דוּ וָואלְסְט גֶעוֶוען אֶסְתִּי?**

עֶנְטְפֶער: דוּ וָואלְסְט מִסְתָּמָא גֶעפִילְט טְרוֹיעֶרִיג, אֵיינְזַאם, אוּן אוּמְבַּאלִיבְּט.

פְרַאגֶע: **אוֹיבּ דוּ וָואלְסְט גֶעוֶוען אֶסְתִּי, וָואס וָואלְסְטוּ גֶעוָואלְט דִי אַנְדֶערֶע מֵיידְלֶעךְ זָאלְן טוּן?**

עֶנְטְפֶער: דוּ וָואלְסְט גֶעוָואלְט זֵיי זָאלְן דִיר בַּאמֶערְקְן אוּן דִיר אַיינְלַאדֶענֶען צוּ אַנְטֵיילְנֶעמֶען אִין דֶעם שְׁמוּעס.

פְרַאגֶע: **וָואס קֶען רִבְקִי טוּן צוּ מַאכְן אֶסְתִּי פִילְן מֶער בַּאקְוֶועם, נָאכְדֶעם וָואס מֶען לַאדְנְט אִיר אֵיין אַנְטֵיילְצוּנֶעמֶען?**

עֶנְטְפֶער:

- רִבְקִי קֶען קוּקְן אוֹיף אִיר בִּשְׁעַת זִי רֶעדְט, אַנְשְׁטָאט צוּ קוּקְן נָאר אוֹיף דִי מֶענְטְשְׁן אִין דִי אָרִיגִינֶעלֶע גְרוּפֶּע. אַזוֹי וֶועט אֶסְתִּי נִישְׁט פִילְן ווִי אַ דְרוֹיסְנְדִיגֶע נָאכְדֶעם וָואס זִי אִיז אַ חֵלֶק פוּן דִי גְרוּפֶּע.
- רִבְקִי קֶען אִיר זָאגְן, "מִיר רֶעדְן וֶועגְן..." אַזוֹי אַז אֶסְתִּי זָאל ווִיסְן אִיבֶּער וָואס זֵיי רֶעדְן אוּן זִי וֶועט פִילְן בַּאקְוֶועם אַנְטֵיילְצוּנֶעמֶען אִין דֶעם שְׁמוּעס.
- רִבְקִי קֶען בְּרֶענְגֶען אַ בֶּענְקְל פַאר אִיר אוֹיבּ אַלֶע אַנְדֶערֶע מֵיידְלֶעךְ זִיצְן.

אוֹיבּ דוּ מַאכְסְט אַ מְסִיבָּה, אִיז נִישְׁט שֵׁיין אַיינְצוּלַאדֶענֶען בְּלוֹיז אַ טֵייל פוּן דִי קְלַאס אוּן נִישְׁט דִי אִיבְּרִיגֶע. מַאךְ זִיכֶער אַז יֶעדֶער אֵיינֶער קוּמְט. אוֹיבּ עֶטְלִיכֶע קִינְדֶער טוּעֶן אַן אַקְטִיוִויטֶעט צוּזַאמֶען, רֶעדְט נִישְׁט דֶערְפוּן פָארְנְט פוּן אַנְדֶערֶע מֵיידְלֶעךְ. זֵיי וֶועלְן שְׁפִּירְן שְׁלֶעכְט.

צְוֵוייטֶער טֵייל

רְדִיפוֹת
און אוֹנָאַת דְבָרִים

(טְשֶׁעפֶּען אַ צְוֵוייטְן מִיט וֶוערְטֶער)

"אֵיינֶער וָואס פְּרוּבִּירְט צוּ בַּאקוּמֶען כָּבוֹד דוּרְךְ פַארְשֶׁעמֶען אַנְדֶערֶע וֶועט וֶוערְן בַּאשְׁטְרָאפְט." (יְרוּשַׁלְמִי, חֲגִיגָה י, ע"א)

אֵיין זוּמֶער טָאג, זֶענֶען צְוֵויי יוּנְגְלֶעך אַרוֹיסְגֶעגַאנְגֶען אִין פַּארְק זִיךְ שְׁפִּילְן. אִין פַּארְק הָאבְּן זֵיי בַּאמֶערְקְט אַ גְרוֹיסֶע לָאךְ אִין דֶער עֶרְד. אֵיינֶער הָאט אוֹיפְגֶעגְרָאבְּן אַ לָאךְ אוּן דִי גַאנְצֶע עֶרְד וָואס עֶר הָאט אוֹיסְגֶעגְרָאבְּן אִיז גֶעוֶוען נֶעבְּן דֶעם ווִי אַ קְלֵיין בֶּערגְל. אֵיין יוּנְגְל הָאט גֶעגֶעבְּן אַ שְׁטוּפּ אַרֵיין זַיין חַבֵר אִין דֶעם לָאךְ, אוּן עֶר הָאט אוֹיסְגֶעשְׁרִיגְן: "קוּק אוֹיף מִיר! אִיךְ בִּין הֶעכֶער ווִי דִיר!"

דֶער צַדִיק רֶבִּי יִשְׂרָאֵל סַאלַאנְטֶער זצ"ל אִיז דֶעמָאלְט דוּרְכְגֶעגַאנְגֶען דֶעם פַּארְק, אוּן הָאט בַּאמֶערְקְט וָואס דָא הָאט פַּאסִירְט. אִיז עֶר צוּגֶעגַאנְגֶען צוּ דֶעם יוּנְגְל אוּן גֶעזָאגְט: "אִיךְ הָאבּ אַ בֶּעסֶערֶע עֵצָה פַאר דִיר. אַנְשְׁטָאט אַרֵיינְצוּשְׁטוּפְּן דַיין חַבֵר אִין דֶעם לָאךְ, שְׁטֶעל דִיךְ אוֹיף דֶעם בֶּערגְל, אַזוֹי וֶועסְטוּ זַיין הֶעכֶער אָן דֶעם וָואס דוּ שְׁטוּפְּסְט אַרֵיין דַיין חַבֵר אִין דֶעם לָאךְ."

רוֹב מֶענְטְשְׁן וָואס פִירְן זִיךְ אוֹיף שְׁלֶעכְט צוּ אַנְדֶערֶע טוּעֶן עֶס וַוייל זֵיי ווִילְן פִילְן גְרוֹיס אוּן ווִיכְטִיג. וֶוען זֵיי שְׁטוּפְּן אַרָאפּ אַנְדֶערֶע מַאכְט עֶס זֵיי פִילְן גוּט מִיט זִיךְ. רֶבִּי יִשְׂרָאֵל סַאלַאנְטֶער הָאט אוּנְז גֶעלֶערְנְט אַז דֶער וֶועג ווִי אַזוֹי צוּ פִילְן גוּט מִיט זִיךְ אוּן וֶוערְן אֶמֶתְ'דִיג גְרוֹיס אִיז דוּרְךְ אַרְבֶּעטְן אוֹיף זִיךְ. וֶוען מֶען שְׁטֵייגְט אִין מִידוֹת טוֹבוֹת אוּן יִרְאַת שָׁמַיִם פִילְט מֶען נִישְׁט אַז מֶען דַארְף דֶערְנִידֶערְן אַנְדֶערֶע.

הַאלְט דַיינֶע נֶעגָאטִיוֶוע בַּאמֶערְקוּנְגֶען בַּיי דִיר

וֶוען דוּ הָאסְט עֶפֶּעס שְׁלֶעכְט צוּ זָאגְן אוֹיף אַ מֶענְטְשׁ, הַאלְט עֶס בַּיי דִיר. אוֹיבּ דוּ הָאסְט נִישְׁט קַיין שׁוּם גוּטֶע זַאךְ צוּ זָאגְן, עֶנְדֶערְשׁ זָאג גָארְנִישְׁט.

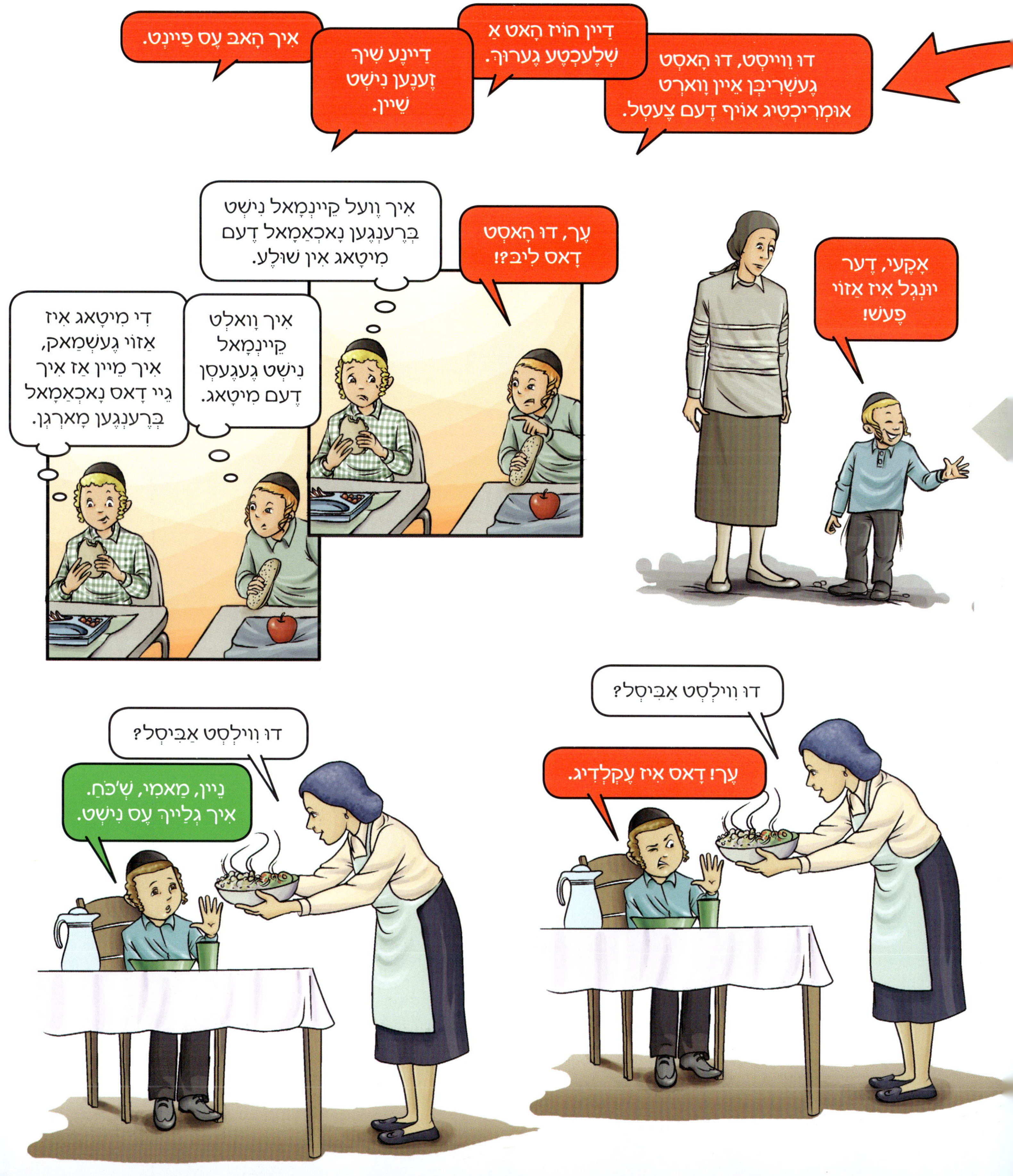
דוּ ווייסט, דוּ הָאסט גֶעשְׁרִיבְּן אֵיין וָוארט אוּמְרִיכְטִיג אוֹיף דֶעם צֶעטְל.
דַיין הוֹיז הָאט אַ שְׁלֶעכְטֶע גֶערוּךְ.
דַיינֶע שִׁיךְ זֶענֶען נִישְׁט שֵׁיין.
אִיךְ הָאבּ עֶס פַיינְט.
אַקֶעי, דֶער יוּנְגל אִיז אַזוֹי פֶּעשׁ!
עֶר, דוּ הָאסְט דָאס לִיבּ?!
אִיךְ וֶועל קֵיינְמָאל נִישְׁט בְּרֶענְגֶען נָאכְמַאל דֶעם מִיטָאג אִין שׁוּלֶע.
אִיךְ וָואלְט קֵיינְמָאל נִישְׁט גֶעגֶעסְן דֶעם מִיטָאג.
דִי מִיטָאג אִיז אַזוֹי גֶעשְׁמַאק, אִיךְ מֵיין אַז אִיךְ גֵיי דָאס נָאכְמַאל בְּרֶענְגֶען מָארְגְן.
דוּ ווִילְסְט אַבִּיסְל?
עֶר! דָאס אִיז עֶקְלְדִיג.
דוּ ווִילְסְט אַבִּיסְל?
נֵיין, מַאמִי, שְׁכּ׳חַ. אִיךְ גְלַייךְ עֶס נִישְׁט.

דֶער טָאן פוּן דַיינֶע וֶוערְטֶער

אִין דֶעם חוּמָש, הֶעכֶער דִי וֶוערְטֶער קֶען מֶען זֶען דִי צֵייכְנְס וָואס וֶוערְן אָנְגֶערוּפְן 'דִי טְרָאפּ'. דִי טְרָאפּ זֶענֶען דִי סִימָנִים פוּן דִי 'טַעֲמִים'. מֶען דַארְף לֵיינֶען דִי וֶוערְטֶער פוּן דֶעם חוּמָש לוֹיט דֶעם נִיגוּן פוּן דִי טַעֲמִים. גֶעוֶוענְלִיךְ זֶענֶען דִי סִימָנִים פוּן דֶעם טְרָאפּ רִיכְטִיג, אָבֶער עֶס זֶענֶען פַארְהַאן חוּמָשִׁים וָואס הָאבְּן טָעוּתִים אִין דֶעם טְרָאפּ.

אַרוּם טוֹיזְנְט יָאר צוּרִיק, הָאט דֶער אֶבֶן עֶזְרָא אוֹיסְגֶעפִינֶען אַז עֶס אִיז דָא אַן אַלְטֶער חוּמָש וָואס אַלֶע סִימָנִים פוּן דֶעם טְרָאפּ זֶענֶען רִיכְטִיג, אָן קַיין שׁוּם טָעוּת. דֶער אֶבֶן עֶזְרָא הָאט שְׁטַארְק גֶעוָואלְט זֶען דֶעם חוּמָש, אָבֶער עֶס אִיז גֶעוֶוען אִין אַ וַוייטֶע לַאנְד. כְּדֵי דָאס צוּ בַּאקוּמֶען הָאט עֶר גֶעדַארְפְט דוּרְכְפָארְן אַ לַאנְד וָואס עֶס אִיז דָארְט גֶעוֶוען אַ מִלְחָמָה.

דֶער אֶבֶן עֶזְרָא הָאט בַּאשְׁלָאסְן אַז עֶס אִיז אַזוֹי וִויכְטִיג צוּ בַּאקוּמֶען דֶעם זֶעלְטֶענֶעם חוּמָש, אַז עֶר וֶועט זִיך אַיינְשְׁטֶעלְן דָאס לֶעבְּן אוּן דוּרְכְפָארְן דֶעם לַאנְד. עֶר הָאט אִיבֶּערְגֶעלָאזְט זַיין הוֹיז אוּן אִיז אַרוֹיסְגֶעפָארְן צוּ יֶענֶעם לַאנְד כְּדֵי צוּ בַּאקוּמֶען דֶעם חוּמָש.

אוֹיף זַיין וֶועג צוּרִיק, אִיז עֶר נָאכְאַמָאל דוּרְכְגֶעפָארְן דִי מְסוּכָּנְ'דִיגֶע אָרְט, אוּן דִי סָאלְדַאטְן פוּן דֶעם שׂוֹנֵא הָאבְּן אִים גֶעכַאפְּט. "פַארְוָואס טְרָאגְסְטוּ דֶעם חוּמָש?" הָאבְּן זֵיי גֶעבְּרוּמְט.

"דֶער חוּמָש אִיז זֵייעֶר וִויכְטִיג פַאר מִיר וַוייל פוּן דֶעם קֶענֶען מִיר וִויסְן וִוי אַזוֹי צוּ לֵיינֶען דִי תּוֹרָה מִיט דֶעם רִיכְטִיגְן טְרָאפּ," הָאט דֶער אֶבֶן עֶזְרָא עֶרְקְלֶערְט.

"דוּ זָאגְסְט לִיגְן," הָאבְּן דִי סָאלְדַאטְן גֶעשְׁרִיגְן. "דִי מָאדְנֶע סִימָנִים אִין דֶעם חוּמָש זֶענֶען בַּאהַאלְטֶענֶע קָאוּדְס פַאר דֶעם שׂוֹנֵא!" דִי סָאלְדַאטְן הָאבְּן גֶענוּמֶען דֶעם אֶבֶן עֶזְרָא אוּן הָאבְּן אִים אַיינְגֶעשְׁפַּארְט אִין תְּפִיסָה.

דֶער תְּפִיסָה וֶועכְטֶער הָאט אָבֶער גֶעגְלֵייבְּט דֶעם אֶבֶן עֶזְרָא אוּן הָאט גֶעהַאלְטְן אַז עֶר אִיז אוּמְשׁוּלְדִיג, אוּן עֶר פְלֶעגְט אִים קוּמֶען בַּאזוּכְן אִין תְּפִיסָה. בַּיי אֵיין בַּאזוּךְ הָאט דֶער וֶועכְטֶער אִים גֶעזָאגְט: "אִיךְ וִויל דִיךְ הֶעלְפְן, אָבֶער אִיךְ וִויל דִיךְ פְרֶעגְן קוֹדֶם אֵיין שְׁאֵלָה. אִיךְ פַארְשְׁטֵיי אַז דוּ וָואלְסְט זִיךְ אַיינְגֶעשְׁטֶעלְט דָאס לֶעבְּן פַאר אַ סֵפֶר תּוֹרָה, אָבֶער פַארְוָואס זָאלְסְטוּ זִיךְ אַיינְשְׁטֶעלְן דָאס לֶעבְּן בְּלוֹיז פַאר דֶעם נִיגוּן פוּן דִי וֶוערְטֶער פוּן דִי תּוֹרָה?"

דֶער אֶבֶן עֶזְרָא הָאט אָנְגֶעקוּקְט דֶעם וֶועכְטֶער אוּן הָאט גֶעזָאגְט מִיט אַן אוֹיפְגֶערֶעגְטֶע שְׁטִימֶע. "אִיךְ דַארְף דַיין הִילְף?!"

דֶער וֶועכְטֶער אִיז גֶעוָוארְן זֵייעֶר בַּאלֵיידִיגְט פוּן דֶעם אוֹיפְגֶערֶעגְטְן עֶנְטְפֶער פוּן דֶעם אֶבֶן עֶזְרָא, אוּן עֶר הָאט אַרוֹיסְגֶעשְׁטוּרֶעמְט פוּן דֶעם תְּפִיסָה אוּן פַארְקְלַאפְּט דֶעם טִיר.

דֶעם קוּמֶענְדִיגְן טָאג הָאט דֶער וֶועכְטֶער זִיךְ בַּארוּאִיגְט, אוּן עֶר הָאט בַּאשְׁלָאסְן צוּרִיקְצוּגֵיין אִין תְּפִיסָה בַּאזוּכְן דֶעם אֶבֶן עֶזְרָא. וֶוען דֶער אֶבֶן עֶזְרָא הָאט אִים גֶעזֶען הָאט עֶר גֶעשְׁמֵייכְלְט אוּן זִיךְ אָנְגֶערוּפְן מִיט אַ וֵוייכֶע שְׁטִימֶע, "פַארְוָואס הָאסְטוּ מִיר אִיבֶּערְגֶעלָאזְט נֶעכְטְן? אִיךְ דַארְף דַיין הִילְף."

דֶער וֶועכְטֶער אִיז וַוייכֶער גֶעוָוארְן אוּן גֶעזָאגְט, "גוּט, יֶעצְט רֶעדְסְטוּ שֵׁיין צוּ מִיר אוּן אִיךְ בִּין מַסְכִּים דִיר צוּ הֶעלְפְן."

"אָבֶער וֶועכְטֶער," הָאט דֶער אֶבֶן עֶזְרָא גֶעפְרֶעגְט, "אִיךְ פַארְשְׁטֵיי נִישְׁט. נֶעכְטְן הָאבּ אִיךְ גֶעזָאגְט דִי זֶעלְבֶּע

װערְטֶער ווי הַיינְט. אִיך הָאבּ גֶעזָאגְט 'אִיך דַארְף דַיין הִילְף'."

"אֱמֶת," הָאט דְער װֶעכְטֶער גֶעעֶנְטְפֶערְט. "אָבֶּער נֶעכְטְן הָאסְטוּ גֶעזָאגְט דִי װֶערְטֶער מִיט גַאנְץ אַן אַנְדֶער טָאן. דוּ הָאסְט זִיך גֶערֶעגְט 'אִיך דַארְף דַיין הִילְף?!' אָבֶּער הַיינְט הָאסְטוּ עֶס גֶעזָאגְט מִיט אַ גֶעוֶוענְלִיכֶע שְׁטִימֶע וָואס וַוייזְט אַז דוּ בִּיסְט בֶּאֱמֶת אִינְטֶערֶעסִירְט אִין מַיין הִילְף."

"הֵייסְט אַז עֶס װֶענְדְט זִיך בְּלוֹיז אִין דֶעם טָאן פוּן דִי שְׁטִימֶע?"

"יָא, זִיכֶער." הָאט דֶער װֶעכְטֶער גֶעעֶנְטְפֶערְט. "וָואס ווִילְסְטוּ אַרוֹיסְבְּרֶענְגֶען?"

"דוּ זֶעסְט," הָאט דֶער אֶבֶן עֶזְרָא אוֹיסְגֶעפִירְט. "יֶעצְט פַארְשְׁטֵייסְטוּ פַארְוָואס אִיך הָאבּ זִיך מוּסֵר נֶפֶשׁ גֶעוֶוען צוּ בַּאקוּמֶען דֶעם חוּמָשׁ מִיט דִי פוּנְקְטְלִיכֶע טְרָאפְּן. דֶער טָאן ווִי אַזוֹי מֶען זָאגְט אַ זַאץ קֶען מַאכְן אַ רִיזִיגֶער חִילוּק אִין דֶעם מֵיינוּנְג פוּן דִי װֶערְטֶער."

יֶעצְט הָאט דֶער װֶעכְטֶער פַארְשְׁטַאנֶען וָואס דֶער אֶבֶן עֶזְרָא הָאט גֶעוָואלְט, אוּן עֶר אִיז מֶער נִישְׁט גֶעוֶוען בְּרוֹגֶז אוֹיף אִים. דֶער װֶעכְטֶער הָאט זִיך גֶעלֶערְנְט אַז עֶס אִיז נִישְׁט גֶענוּג צוּ זָאגְן דִי רִיכְטִיגֶע װֶערְטֶער, נָאר מֶען דַארְף עֶס אוֹיךְ זָאגְן אוֹיף דֶעם רִיכְטִיגְן נִיגוּן כְּדֵי עֶס זָאל הָאבְּן דֶעם גֶעווִינְטְשֶׁענֶעם בַּאדַייט. עֶר הָאט יֶעצְט פַארְשְׁטַאנֶען ווִי ווִיכְטִיג דֶער חוּמָשׁ אִיז גֶעוֶוען אוּן עֶר הָאט זִיכֶער גֶעמַאכְט אַז דֶער אֶבֶן עֶזְרָא װֶערְט בַּאפְרַייט.

(הרה"ג ר' אֱלִיעֶזֶר דָוִד פְרִידְמַאן שְׁלִיטָ"א אִין דֶעם הַגָדָה שֶׁל פֶּסַח "מִפִּי סְפָרִים וְסוֹפְרִים" עָמוּד רעא, אִין נָאמֶען פוּן כְּ"ק אַדְמוֹ"ר רֶבִּי חַיִים מָרְדְכַי מִנַּדְבוֹרְנָא זי"ע)

קֶענְסְטוּ זָאגְן דִי װֶערְטֶער אִין אַן אוּמְאֵיידֶעלֶע װֶעג אוּן דֶערְנָאךְ אִין אַן אֵיידֶעלֶע װֶעג?

טְרַאכְט אֵיידֶער דוּ רֶעדְסְט

יִשְׂרָאֵל אִיז גֶעוֶוען אַ יוּנְגֶל וֶועלְכֶער הָאט גֶעוואוֹינְט אִין אַרְגֶענְטִינֶע. עֶר אִיז גֶעגַאנְגֶען אִין חֵדֶר אוּן הָאט פְלַייסִיג גֶעלֶערְנְט. יֶעדֶע וָואךְ הָאט דֶער רֶבִּי גֶעגֶעבְּן פַאר דִי קִינְדֶער אַ גֶעשְׁרִיבֶּענֶע בְּחִינָה מִיט שְׁאֵלוֹת. יִשְׂרָאֵל הָאט גֶעמַאכְט דִי בְּחִינָה זֵייעֶר שְׁנֶעל. "עֶס אִיז אַזוֹי גְרִינְג!" פְלֶעגְט עֶר זָאגְן נָאכְ'ן צוּרִיקְגֶעבְּן דִי בְּחִינָה. דִי אַנְדֶערֶע קִינְדֶער פְלֶעגְן זִיךְ צוּקוּקְן וִוי שְׁנֶעל יִשְׂרָאֵל הָאט גֶעעֶנְטְפֶערְט דִי שְׁאֵלוֹת אוּן זֶענֶען צוּרִיקְגֶעגַאנְגֶען שְׁרַייבְּן זֵייעֶר בְּחִינָה.

אֵיין טָאג הָאט יִשְׂרָאֵל'ס מִשְׁפָּחָה זִיךְ אַרִיבֶּערְגֶעצוֹיגְן קַיין אַמֶערִיקֶע, אוּן יִשְׂרָאֵל אִיז גֶעגַאנְגֶען אִין אַ נַייעֶם חֵדֶר וואוּ אַלֶע קִינְדֶער הָאבְּן גֶערֶעדְט אִידִישׁ. אִין אַרְגֶענְטִינֶע הָאט יִשְׂרָאֵל נִישְׁט גֶערֶעדְט אִידִישׁ, אוּן עֶס אִיז אִים גֶעוֶוען זֵייעֶר שְׁוֶוער זִיךְ צוּצוּגֶעוואוֹינֶען צוּ דֶעם נַייעֶם שְׁפְּרַאךְ. עֶר הָאט גֶעלֶערְנְט זֵייעֶר פְלַייסִיג אָבֶּער אוֹיף דִי גֶעשְׁרִיבֶּענֶע בְּחִינוֹת הָאט עֶר זִיךְ זֵייעֶר גֶעמוּטְשֶׁעט צוּ בַּאקוּמֶען אַ גוּטְן צֵייכְן, כָאטְשׁ עֶר הָאט גֶעהַאט אַ גוּטְן קָאפּ.

אֵיינְמָאל הָאט יִשְׂרָאֵל זִיךְ גֶעגְרֵייט אוֹיף אַ שְׁוֶוערֶער פַארְהֶער. עֶר הָאט גֶע'חַזֶר'ט לַאנְגֶע שָׁעוֹת אוּן וֶוען עֶס אִיז אָנְגֶעקוּמֶען צוּ דִי בְּחִינָה הָאט עֶר זִיךְ אַרָאפְּגֶעזֶעצְט צוּזַאמֶען מִיט זַיינֶע חֲבֵרִים. נָאכְ'ן אַרַיינְגֶעבְּן דִי בְּחִינָה אִיז דִי קְלַאס גֶעגַאנְגֶען אוֹיף רִיסֶעס, אָבֶּער יִשְׂרָאֵל הָאט נָאכְנִישְׁט גֶעעֶנְדִיגְט דִי בְּחִינָה, אוּן עֶר אִיז נָאכְאַלְץ גֶעזֶעסְן אִין קְלַאס, צוּעֶנְדִיגְנְדִיג דִי שְׁאֵלוֹת. בִּיז עֶר הָאט גֶעעֶנְדִיגְט דִי בְּחִינָה הָאט זִיךְ שׁוֹין גֶעעֶנְדִיגְט רִיסֶעס, אוּן עֶס הָאט אִים זֵייעֶר וֵויי גֶעטוּן אַז עֶר הָאט פַארְפַּאסְט רִיסֶעס.

וֶוען דִי קִינְדֶער זֶענֶען צוּרִיקְגֶעקוּמֶען אִין קְלַאס, הָאט עֶר גֶעהֶערְט וִוי אֵיין קִינְד זָאגְט פַארְ'ן צְוֵייטְן: "דִי בְּחִינָה אִיז גֶעוֶוען אַזוֹי גְרִינְג!"

"גְרִינְג?!" הָאט יִשְׂרָאֵל גֶעטְרַאכְט צוּ זִיךְ. "עֶס אִיז בִּכְלַל נִישְׁט גֶעוֶוען גְרִינְג פַאר מִיר – עֶס אִיז מִיר אַזוֹי שְׁוֶוער צוּ שְׁרַייבְּן דִי בְּחִינָה אִין אַ פְרֶעמְדֶע שְׁפְּרַאךְ!"

אוּן דַאן הָאט יִשְׂרָאֵל זִיךְ דֶערְמַאנְט וִוי בְּלוֹיז אַ יָאר צוּרִיק אִין אַרְגֶענְטִינֶע, הָאט עֶר גֶעעֶנְדִיגְט דִי בְּחִינָה זֵייעֶר שְׁנֶעל, אוּן עֶר פְלֶעגְט אֵייבִּיג אוֹיסְרוּפְן: "ס'אִיז אַזוֹי גְרִינְג!" בִּשְׁעַת דִי אַנְדֶערֶע קִינְדֶער הָאבְּן זִיךְ גֶעמוּטְשֶׁעט צוּ עֶנְדִיגְן. עֶר הָאט יֶעצְט פַארְשְׁטַאנֶען אַז יֶעדֶעס מָאל וֶוען עֶר הָאט דָאס גֶעזָאגְט, הָאט עֶר מֶעגְלִיךְ וֵויי גֶעטוּן אַנְדֶערֶע קִינְדֶער וֶועלְכֶע הָאבְּן זִיךְ גֶעפְּלָאגְט מִיט דִי לִימוּדִים אוּן הָאבְּן נִישְׁט גֶעקֶענְט אַזוֹי שְׁנֶעל עֶנְדִיגְן דֶעם פַארְהֶער.

יִשְׂרָאֵל הָאט זִיךְ פָארְגֶענוּמֶען אַז אֲפִילוּ וֶוען עֶר וֶועט זִיךְ שׁוֹין גוּט אַיינְגְלִידֶערְן אִין קְלַאס, אוּן עֶר וֶועט שׁוֹין גוּט קֶענֶען אִידִישׁ, וֶועט עֶר זִיךְ נִישְׁט גְרוֹיסְהַאלְטְן מִיט זַיינֶע טַאלַאנְטְן, נָאר עֶר וֶועט אַרוֹיסְהֶעלְפְן אַנְדֶערֶע קִינְדֶער מִיט שְׁוַואכֶערֶע קֶעפּ.

אַסאַךְ מָאל זָאגְט מֶען גֶעוויסֶע זַאכְן און מֶען כאַפְּט זיך נִישְׁט אַז דָאס קֶען וויי טוּן. מֶען מוּז זַיין זֵייעֶר פָּארְזִיכְטִיג נִישְׁט צוּ וויי טוּן אַ צְווייטְנְס גֶעפִילְן.

וֶוען מֶענְטְשְׁן זָאגְן דִי אוּיבְּנְדֶערְמַאנְטֶע ווערְטֶער, מֵיינֶען זֵיי נִישְׁט צוּ זַיין שְׁלֶעכְט. אָבֶּער אָפְטְמָאל וֶועלְן דִי וֶוערְטֶער וויי טוּן אַנְדֶערֶע.

טְרַאכְט בֶּעפָאר דוּ רֶעדְסְט!

רוּפְן מֶענְטְשְׁן מִיט צוּנֶעמֶען

דִי תַּלְמִידִים פוּן רֶבִּי זֵירָא הָאבְּן גֶעפְרֶעגְט זֵייעֶר רֶבִּי'ן, "אִין וֶועלְכְן זְכוּת הָאסְטוּ מַאֲרִיךְ יָמִים גֶעוֶועןְ?" אוּן ר' זֵירָא הָאט גֶעעֶנְטְפֶערְט, "וַוייל אִיךְ הָאבּ קֵיינֶעם נִישְׁט גֶערוּפְן מִיט אַ צוּנָאמֶען." (מְגִלָּה כח, ע"א. וְרַשִׁ"י בַּמָּקוֹם)

טֵייל מֶענְטְשְׁן רוּפְן אַן אַנְדֶערֶע מִיט צוּנֶעמֶען. אֵיידֶער דוּ רוּפְסְט אַ צְוֵוייטְן מִיט אַ צוּנָאמֶען, מַאךְ זִיכֶער אַז עֶס טוּט אִים נִישְׁט וֵויי. אוֹיבּ עֶר הָאט נִישְׁט לִיבּ דֶעם צוּנָאמֶען, טָארְסְטוּ אִים נִישְׁט רוּפְן דֶערְמִיט.

רוּף קֵיינְמָאל נִישְׁט מֶענְטְשְׁן מִיט מִיאוּסֶ'ע נֶעמֶען!

דָאס זֶענֶען עֶטְלִיכֶע בֵּיישְׁפִּילְן פוּן וֶוערְטֶער וָואס דוּ זָאלְסְט קֵיינְמָאל נִישְׁט זָאגְן פַאר קֵיינֶעם:

דוּ בִּיסְט אַזַא קְלָאץ!

דוּ בִּיסְט אַזוֹי מָאדְנֶע!

דוּ בִּיסְט אַ בְּעִיבִי!

דוּ בִּיסְט נִישְׁט נָארְמַאל!

דוּ גְרָאבֶער!

בִּיסְט אַ בְּהֵמָה!

דוּ שׁוֹטֶה!

דוּ בִּיסְט אַ מְשׁוּגָענֶער!

נִישְׁט בַּאלֵיידִיגְן

"**וְלֹא תוֹנוּ אִישׁ אֶת עֲמִיתוֹ** – דוּ זָאלְסְט נִישְׁט וֵויי טוּן אַ צְוֵוייטְן מִיט וֶוערְטֶער." (וַיִּקְרָא כה, יז. בָּבָא מְצִיעָא נח, ע"ב)

אוֹיבּ דוּ ווִילְסְט זָאגְן עֶפֶּעס וָואס קֶען יֶענֶעם וֵויי טוּן, הֶעלְפְט נִישְׁט אַז מֶען זָאגְט קוֹדֶם, "אִיךְ ווִיל דִיר נִישְׁט וֵויי טוּן, אָבֶּער..."

דִי פָאלְגְנְדֶע אוֹיסְדְרוּקְן זָאל מֶען קֵיינְמָאל נִישְׁט נוּצְן:

אִיךְ ווִיל דִיךְ נִישְׁט וֵויי טוּן אָבֶּער...

אִיךְ מַיין נִישְׁט פֶערְזֶענְלִיךְ, אָבֶּער...

אִיךְ ווִיל נִישְׁט רֶעדְן לְשׁוֹן הָרָע, אָבֶּער...

אִיךְ ווִיל דִיךְ נִישְׁט בַּאלֵיידִיגְן, אָבֶּער...

טְרַאכְט ווִי אַזוֹי דוּ וָואלְסְט גֶעפִילְט אוֹיבּ אַ צְוֵוייטֶער וָואלְט גֶעזָאגְט דִי זַאכְן פַאר דִיר:

אִיךְ ווִיל דִיךְ נִישְׁט וֵויי טוּן, אָבֶּער דוּ מַאכְסְט זֵייעֶר נֶערְוֶועז.

אִיךְ ווִיל דִיךְ נִישְׁט בַּאלֵיידִיגְן, אָבֶּער דַיין שְׁטִימֶע הֶערְט זִיךְ ווִי אַ קְרַאצֶעדִיגֶע שׁוֹפָר.

אִיךְ מַיין נִישְׁט פֶּערְזֶענְלִיךְ, אָבֶּער דוּ פַארְשְׁטֵייסְט נִישְׁט קֵיין וָוארְט וָואס מֶען רֶעדְט צוּ דִיר.

אִיךְ ווִיל נִישְׁט רֶעדְן לְשׁוֹן הָרָע, אָבֶּער דַיין בְּרוּדֶער אִיז אַ נַאר.

דֶער קֶערְפֶּער-שְׂפְּרַאךְ

קֶענְסְטוּ זָאגְן וָואס דִי מֵיידְלֶעךְ טוּעֶן דָא אוּמְרִיכְטִיג?

דֶער פָּסוּק זָאגְט אִין פָּרָשַׁת וַיְחִי (מט, ו) **"כִּי בְאַפָּם הָרְגוּ אִישׁ"**. דֶער פָּשׁוּטֶ'ער פְּשַׁט אַז אַז מִיט זֵייעֶר צָארְן הָאבְּן שִׁמְעוֹן אוּן לֵוִי גֶע'הַרְגֶ'עט אַ מֶענְטְשׁ. אָבֶּער אַף קֶען אוֹיךְ מֵיינֶען נָאז. דִי סְפָרִים טַייטְשְׁן אַז מִיט דֶעם "אַף" – מִיט אַ קְרוּם מִיט דֶער נָאז, קֶען מֶען הַרְגֶ'ענֶען אַ מֶענְטְשׁ. אוֹיבּ דֶער מֶענְטְשׁ וֶוערְט פַארְשֶׁעמְט דוּרְךְ דֶעם קְרוּם מִיט דֶער נָאז, אִיז דָאס גְלַייךְ וִוי עֶר וָואלְט גֶע'הַרְגֶ'עט גֶעוָוארְן.

גֶעווֶענְלִיךְ רֶעדְן מִיר מִיט וֶוערְטֶער, אָבֶּער עֶס אִיז פַארְהַאן אַ וֶועג צוּ רֶעדְן אָן וֶוערְטֶער. אוּן דָאס אִיז דוּרְךְ דֶעם קֶערְפֶּער-שְׂפְּרַאךְ. מֶען קֶען מַאכְן פַארְשִׁידֶענֶע בַּאוֶועגוּנְגֶען מִיט דֶעם קֶערְפֶּער אוּן מִיטְ'ן פָּנִים וָואס שִׁיקְט מֶעסֶעדְזְשֶׁעס פַאר דִי אַרוּמִיגֶע וָואס מֶען טְרַאכְט אוּן פִילְט. אוֹיבּ מֶען טוּט אֵיינֶעם וֵויי דוּרְכְ'ן פָּנִים אָדֶער קֶערְפֶּער אִיז דָאס פּוּנְקְט אַזוֹי הַארְבּ וִוי וֶוען מֶען בַּאלֵיידִיגְט יֶענֶעם מִיט וֶוערְטֶער.

דוּרְךְ אִיר קֶערְפֶּער שְׂפְּרַאךְ, צֵייגְט בְּרָכָה אַז זִי אִיז נִישְׁט אִינְטֶערֶעסִירְט אִין אִיר שָׁכֵנ'טֶע.

פְּרַאגֶע: אוֹיבּ בְּרָכָה וָואלְט בְּלוֹיז גֶעוָואלְט רֶעדְן מִיט אִיר חַבֶרְ'טֶע פְּרִיוַואט אַז קֵיינֶער זָאל נִישְׁט הֶערְן, וִוי אַזוֹי קֶען זִי עֶס מַאכְן אַז דִי אַנְדֶערֶע מֵיידְל זָאל נִישְׁט בַּאלֵיידִיגְט וֶוערְן?

עֶנְטְפֶער: עֶס אִיז נִישְׁט מֶענְטְשְׁלִיךְ צוּ דֶערְצֵיילְן סוֹדוֹת בָּרַבִּים. אוֹיבּ דוּ ווִילְסְט זָאגְן אַ סוֹד פַאר אַ צְוֵוייטְן, רוּף אִיר אִין אַ ווִינְקְל אָדֶער צוּ דִיר אַהֵיים אוּן רֶעד מִיט אִיר פְּרִיוַואט. וֶוען אַנְדֶערֶע זֶעעֶן מַאךְ זִיכֶער אַז דוּ מַאכְסְט זֵיי נִישְׁט פִילְן אוֹיסְגֶעשְׁלָאסְן.

דער גְלַייכְגִילְטִיגֶער צוּקוּקֶער

די תּוֹרָה זָאגְט אוּנְז אָן:
"לֹא תַעֲמוֹד עַל דַּם רֵעֶךָ – שְׁטֵיי נִישְׁט גְלַייכְגִילְטִיג בִּשְׁעַת אַ צְוֵייטְנְ'ס בְּלוּט וֶוערְט פַארְגָאסְן".

(וַיִּקְרָא יט, טז)

פוּנְקְט ווִי מֶען טָאר נִישְׁט בְּלַייבְּן שְׁטִיל וֶוען אַ צְווֵייטֶער מֶענְטְשׁ ווערְט גֶע'הַרְגֶ'עט ח"ו אָדֶער גֶעשֶׁעדִיגְט, אַזוֹי אוֹיךְ טָאר מֶען נִישְׁט שְׁטֵיין גְלַייכְגִילְטִיג וֶוען אַ צְוֵייטְנְס גֶעפִילְן וֶוערְן גֶעטְשֶׁעפֶּעט (גְלַייכְגִילְטִיג מֵיינְט אַז עֶס גֵייט אִים נִישְׁט אָן). מֶען מוּז זִיךְ אָנְרוּפְן עֶפֶּעס כְּדֵי עֶס אָפְּצוּשְׁטֶעלְן!

אַסַאךְ מָאל קֶען מֶען זֶען ווִי אֵיין קִינְד טְשֶׁעפֶּעט אַן אַנְדֶערְן קִינְד. עֶס אִיז אָפְטְמָאל זֵייעֶר שְׁוֶוער זִיךְ אַרוֹיסְצוּשְׁטֶעלְן אוּן אָפְּשְׁטֶעלְן דֶעם רוֹדֵף. אָבֶּער אוֹיבּ מֶען שְׁטֵייט אִין דֶער זַייט אוּן מֶען בְּלַייבְּט שְׁטִיל גִיבְּט מֶען חִיזוּק פַאר דֶעם רוֹדֵף. די תּוֹרָה לֶערְנְט אוּנְז אַז מֶען טָאר נִישְׁט בְּלַייבְּן שְׁטִיל בִּשְׁעַת אֵיינֶער טוּט אַן עַוְולָה. מֶען מוּז טוּן וָואס מֶען קֶען עֶס אָפְּצוּשְׁטֶעלְן. אוֹיבּ נִישְׁט, טְרָאגְט מֶען אַ חֵלֶק פוּן די אַחְרָיוּת אוֹיף די עַוְולָה.

פְרַאגֶע: פַארְוָואס בְּלַייבְּן רוֹב קִינְדֶער שְׁטִיל בִּשְׁעַת אַ קִינְד טְשֶׁעפֶּעט אַנְדֶערֶע?

עֶנְטְפֶער: דָאס קוּמְט גֶעוֶוענְלִיךְ פוּן דֶעם וָואס זֵיי הָאבְּן מוֹרָא פוּן דֶעם טְשֶׁעפְּנַאק. זֵיי ווִילְן בְּלַייבְּן חֲבֵרִים מִיט דֶעם רוֹדֵף אוּן זֵיי הָאבְּן מוֹרָא אַז אוֹיבּ זֵיי וֶועלְן זִיךְ אָנְנֶעמֶען פַאר דֶעם גֶעטְשֶׁעפֶּעטְן קִינְד וֶועט מֶען זֵיי אוֹיךְ טְשֶׁעפֶּען. גֶעדֶענְק אָבֶּער אַז וֶוען די אַרוּמִיגֶע בְּלַייבְּן שְׁטִיל, וֶועט דֶער טְשֶׁעפְּנַאק מֵיינֶען אַז יֶעדֶער הַאלְט מִיט מִיט אִים – בִּפְרַט אוֹיבּ אַנְדֶערֶע לַאכְן מִיט!

וָואס קֶענְסְטוּ טוּן אוֹיבּ דוּ זֶעסְט ווִי אֵיינֶער וֶוערְט גֶעטְשֶׁעפֶּעט?

- ☑ פְּרוּבִּיר זִיךְ אָנְצוּנֶעמֶען פַאר דֶעם גֶעטְשֶׁעפֶּעטְן.
- ☑ רֶעד צוּ דַיינֶע חֲבֵרִים אוּן פְּרוּבִּירְט צוּזַאמֶען צוּ זָאגְן פַאר דֶעם רוֹדֵף אַז עֶר זָאל אוֹיפְהֶערְן.
- ☑ אוֹיבּ דוּ הָאסְט נִישְׁט די שְׁטַארְקַייט צוּ הֵייסְן דֶעם רוֹדֵף אוֹיפְהֶערְן, זָאג פַאר דֶעם גֶעטְשֶׁעפֶּעטְן קִינְד אַז דוּ בִּיסְט זַיין חָבֵר אוּן עֶס טוּט דִיר ווֵיי אַז מֶען טְשֶׁעפֶּעט אִים.
- ☑ נֶעם דֶעם גֶעטְשֶׁעפֶּעטְן קִינְד אוּן גֵיי אַוֶועק עֶרְגֶעץ אַנְדֶערְשׁ מִיט אִים.
- ☑ אוֹיבּ דוּ קֶענְסְט נִישְׁט אָפְּשְׁטֶעלְן דֶעם רוֹדֵף, דֶערְצֵייל פַאר אַן עֶרְוַואקְסֶענֶעם. בֶּעט דַיינֶע עֶלְטֶערְן, רֶבִּי/ לֶערֶערִין אָדֶער מְנַהֵל אַז זֵיי זָאלְן עֶס אָפְּשְׁטֶעלְן.

דֶערְצֵיילְן פַאר עֶלְטֶערְע

אוֹיבּ מֶען זֶעט אַז אֵיינֶער הָאט גֶעשֶׁעדִיגְט אַ צְווייטְן [צוּם בֵּייְשְׁפִּיל, עֶר הָאט אִים בַּאגַנְבֶ'עט, ווֵיי גֶעטוּן, אָדֶער פַארְשֶׁעמְט] מֶעג מֶען דֶערְצֵיילְן וָואס הָאט פַּאסִירְט כְּדֵי אִים אַרוֹיסְצוּהֶעלְפְן. (חָפֵץ חַיִּים י, א)

אוֹיבּ אַ קִינְד טוּט ווֵיי אַ צְווייטְן – סַיי אוֹיבּ עֶר טְשֶׁעפֶּעט אִים פִּיזִישׁ אָדֶער מִיט ווֶערְטֶער – דַארְף מֶען דֶערְצֵיילְן דֶערְוֶועגְן פַאר אַן עֶרְוַואקְסֶענֶעם מֶענְטְשׁ כְּדֵי עֶר זָאל אַרוֹיסְהֶעלְפְן דֶעם בַּאעֲוְולֶה'טְן. ווייל אוֹיבּ עֶס פֶעלְט אוֹיס צוּ בַּאשִׁיצְן זִיךְ אָדֶער אַ צְווייטְן, דַארְף מֶען דֶערְצֵיילְן פַאר אַן עֶרְוַואקְסֶענֶעם וָואס הָאט פַּאסִירְט. אָבֶּער מֶען דַארְף זִיכֶער מַאכְן נִישְׁט צוּ מְגַזֵּם זַיין. אֵייְדֶער דוּ גֵייסְט צוּ אַן עֶרְוַואקְסֶענֶעם, פְּרוּבִּיר אַלֵיין אָפְּצוּשְׁטֶעלְן דֶעם רוֹדֵף. אוֹיבּ עֶר הֶערְט נִישְׁט אוֹיף, דֶערְצֵייל פַּאר דַיין רֶבִּי'ן, לֶערֶערִין, מְנַהֵל, עֶלְטֶערְן, אוּן אַזוֹי ווַייטֶער. דָאס אִיז נִישְׁט לָשׁוֹן הָרָע!

דָאס אִיז אִינְגַאנְצְן אַנְדֶערְשׁ ווִי מַסֶר'ן אַ צְווייטְן, וָואס מֵיינְט אַז מֶען בַּארֶעדְט אַ חָבֵר פַאר אַן עֶרְוַואקְסֶענֶעם ווייל מֶען ווִיל מַאכְן צָרוֹת פַּארְ'ן חָבֵר. מֶען טָאר נִישְׁט סְתָּם אַזוֹי בַּארֶעדְן אַ חָבֵר אוֹיסֶער אוֹיבּ סְ'אִיז פַאר אַ ווִיכְטִיגֶע צְוֶועק.

יָא אָדֶער נֵיין?

דַארְף מֶען דֶערְצֵיילְן פַאר אַן עֶרְוַואקְסֶענֶעם ווֶען דִי פָאלְגְנְדֶע זַאכְן פַּאסִירְן?

רֶמֶז: אוֹיבּ אֵיינֶער שֶׁעדִיגְט אַ צְווייטְן, פִּיזִישׁ אָדֶער מִיט ווֶערְטֶער, אָדֶער אוֹיבּ עֶר הָאט גֶעטוּן אַ סַכָּנָה'דִיגֶע זַאךְ, דַארְף מֶען דֶערְצֵיילְן אַן עֶרְוַואקְסֶענֶעם.

"שָׂרִי הָאט גֶעגֶעסְן אִין קְלַאס!" **(יָאָ/נֵיין)**

"יַעֲנְקִי טְשֶׁעפֶּעט אֵייבִּיג אַבְרְמִי!" **(יָאָ/נֵיין)**

"מַלְכִּי הָאט גֶעווָאלְט שְׁפִּילְן אִין דִי גֶעיִם אָבֶּער דִי קִינְדֶער הָאבְּן אִיר נִישְׁט גֶעלָאזְט!" **(יָאָ/נֵיין)**

"שִׁמְעוֹן הָאט נִישְׁט גֶעמַאכְט זַיין בֶּעט." **(יָאָ/נֵיין)**

"נַחְמָן מַאכְט חוֹזֶק פוּן מִיר!" **(יָאָ/נֵיין)**

"חַנִי אוּן שֵׁיינְדִי רֶעדְן אִין קְלַאס." **(יָאָ/נֵיין)**

"יוֹסִי ווִיל נִישְׁט זִיצְן נֶעבְּן בִּנְיָמִין אִין עֶס זַאל." **(יָאָ/נֵיין)**

"רִבְקִי דַארְף שׁוֹין גֵיין שְׁלָאפְן!" **(יָאָ/נֵיין)**

"נָתָן טְשֶׁעפֶּעט מִיר!" **(יָאָ/נֵיין)**

"מַאמִי, פִּנְחָס אִיז אַרַיינְגֶעלָאפְן אִין גַאס צוּ כַאפְּן דֶעם בָּאל, אוּן עֶר הָאט נִישְׁט גֶעקוּקְט אוֹיבּ קַארְס קוּמֶען." **(יָאָ/נֵיין)**

"לֵאָה הָאט נִישְׁט אָפְּגֶערֵיינִיגְט דֶעם קָאךְ טִישׁ אֲפִילוּ סְ'אִיז גֶעווֶען אִיר רֵייעֶ!" **(יָאָ/נֵיין)**

"מֹשִׁי מַאכְט חוֹזֶק פוּן מַיין רֶעדְן!" **(יָאָ/נֵיין)**

1) נֵיין. 2) יָא. 3) יָא. 4) נֵיין. 5) יָא. 6) נֵיין. 7) יָא. 8) נֵיין. 9) יָא. 10) יָא. 11) נֵיין. 12) יָא.

פְרַאגֶע: **אוֹיבּ דוּ דֶערְצֵיילְסְט פַאר דַיין רֶבִּי אָדֶער לֶערֶערִין אוּן אַנְדֶערֶע קִינְדֶער גֶעפִינֶען אוֹיס ווֶעלְן זֵיי דִיךְ טְשֶׁעפֶּען. וָואס זָאלְסְטוּ טוּן?**

עֶנְטְפֶער:

- גֵיי צוּ דַיין רֶבִּי'ן אָדֶער לֶערֶערִין ווֶען קֵיינֶער זֶעט נִישְׁט.
- שְׁרַייבּ אַ בְּרִיוו צוּ דַיין רֶבִּי'ן אָדֶער לֶערֶערִין אוּן דֶערְצֵייל וָואס הָאט פַּאסִירְט.
- בֶּעט דַיינֶע עֶלְטֶערְן צוּ דֶערְצֵיילְן פַאר דֶעם רֶבִּי'ן אָדֶער לֶערֶערִין, אָדֶער צוּם מְנַהֵל אָדֶער מְנַהֶלֶת, וָואס הָאט פַּאסִירְט אִין חֵדֶר אָדֶער סְקוּל.

שְׁפִּיל אוֹיס לֶעבֶּעדִיגֶע סְצֶענֶעס

וָואס וָואלְסְטוּ גֶעטוּן אוֹיבּ דוּ זֶעסְט אַ קִינְד אִין קְלַאס טְשֶׁעפֶּעט אַ צְוֵוייטְן קִינְד?

זַיי נִישְׁט אַ גְלַייכְגִילְטִיגֶער צוּקוּקֶער! טוּ עֶפֶּעס!

קֶענְסְטוּ זִיך נֶעמֶען דִי קוּרַאזְשׁ זִיך צוּ אָנְנֶעמֶען פַאר דֶעם נִרְדָף?
קֶענְסְטוּ אַרִיבֶּערְגֵיין צוּ אִים אוּן וַוייזְן אַז דוּ הַאלְטְסְט נִישְׁט מִיטְ'ן רוֹדֵף?
אוֹיבּ יָא, זָאלְסְטוּ דָאס טוּן. דוּ קֶענְסְט אוֹיסְשְׁפִּילְן אַזַא סְצֶענֶע כְּדֵי
אַז אוֹיבּ אַזַא זַאךְ פַּאסִירְט זָאלְסְטוּ זַיין גְרֵייט וִוי אַזוֹי צוּ רֶעאַגִירְן.

וָואס מֶער דוּ וֶועסְט
עֶס חַזֶרְ'ן אַלְץ בֶּעסֶער
וֶועסְטוּ גֶעדֶענְקֶען!

פָּאלְגְנְד זֶענֶען עֶטְלִיכֶע פֶּעלֶער פוּן גְלַייכְגִילְטִיגֶע-צוּקוּקֶער. קֶענְסְט עֶס אוֹיסְשְׁפִּילְן צוּזַאמֶען מִיט דַיינֶע חֲבֵרִים/ חַבֶרְ'טֶעס.

1) **עֶטְלִיכֶע קִינְדֶער שְׁפִּילְן אַ גֶעים. יַענְקִי ווִיל אוֹיךְ אַרַיינְקוּמֶען אִינֶעם שְׁפִּיל. שְׁלוֹמִי זָאגְט פַאר יַענְקִי אַז עֶר קֶען נִישְׁט שְׁפִּילְן.**

שְׁפִּיל אוֹיס דִי סְצֶענֶע בִּשְׁעַת אַנְדֶערֶע יוּנְגְלֶעך שְׁטֵייעֶן אִין דֶער זַייט אוּן שְׁוַוייגְן. דֶערְנָאךְ שְׁפִּיל אוֹיס אַן אַנְדֶערֶע סְצֶענֶע אִין וֶועלְכְן אֵיין יוּנְגְל נֶעמְט זִיך אָן פַאר יַענְקִי.

2) **עֶטְלִיכֶע מֵיידְלֶעךְ זֶענֶען זִיך צוּזַאמְגֶעקוּמֶען אִין מִרְיָם'ס הוֹיז. פְּלוּצְלִינְג הֶערְט זִיך אַ קְלַאפּ אוֹיפְ'ן טִיר. בֵּיילִי אִיז בַּיי דֶער טִיר אוּן זִי ווִיל אוֹיךְ קוּמֶען פַארְבְּרֶענְגֶען, אָבֶער מִרְיָם אִיז נִישְׁט אַ נָאנְטֶע חַבֶרְ'טֶע מִיט בֵּיילִי אוּן זִי לָאזְט אִיר נִישְׁט אַרַיינְקוּמֶען אִין הוֹיז.**

שְׁפִּיל אוֹיס דִי סְצֶענֶע וִוי מִרְיָם רֶעדְט נִישְׁט שֵׁיין צוּ בֵּיילִי, בִּשְׁעַת דִי אַנְדֶערֶע מֵיידְלֶעךְ קוּקְן זִיך צוּ אוּן שְׁוַוייגְן. דֶערְנָאךְ שְׁפִּיל נָאכְאַמָאל אוֹיס דִי סְצֶענֶע אוּן דָאס מָאל מַאךְ אַז אַנְדֶערֶע קִינְדֶער נֶעמֶען זִיך אָן פַאר בֵּיילִי.

3) **הֶענִי אוּן רוֹיזִי אַרְבֶּעטְן צוּזַאמֶען אוֹיף אַ סְקוּל פְּרָאיֶעקְט. יוֹכֶבֶד גֵייט דוּרְךְ אוּן זִי גִיבְּט אַן עֵצָה פַאר דִי מֵיידְלֶעךְ וִוי אַזוֹי צוּ מַאכְן דֶעם פְּרָאיֶעקְט בֶּעסֶער. הֶענִי גְלַייכְט נִישְׁט אִירֶע עֵצוֹת, אוּן זִי רֶעדְט נִישְׁט שֵׁיין צוּ יוֹכֶבֶד.**

שְׁפִּיל אוֹיס דִי סְצֶענֶע בִּשְׁעַת רוֹיזִי קוּקְט זִיך צוּ אוּן שְׁוַוייגְט. דֶערְנָאךְ שְׁפִּיל עֶס אוֹיס נָאכְאַמָאל אוּן מַאךְ אַז רוֹיזִי נֶעמְט זִיך אָן פַאר יוֹכֶבֶד.

4) **דָנִיאֵל אוּן זַיין יוּנְגֶערֶער בְּרוּדֶער גֵייעֶן אִין חֵדֶר צוּזַאמֶען יֶעדְן צוּפְרִי. אֵיין טָאג הָאבְּן דָנִיאֵל'ס חֲבֵרִים אָנְגֶעהוֹיבְּן קוּמֶען צוּזַאמֶען מִיט זֵיי, אוּן דָנִיאֵל הָאט זֵייעֶר הֲנָאָה אַז זֵיי גֵייעֶן צוּזַאמֶען. שְׁפֶּעטֶער הָאבְּן דָנִיאֵל'ס חֲבֵרִים גֶעזָאגְט פַאר דָנִיאֵל אַז זַיין בְּרוּדֶער מוּז אוֹיפְהֶערְן קוּמֶען מִיט זֵיי.**

שְׁפִּיל אוֹיס דִי סְצֶענֶע אוּן מַאךְ וִוי דָנִיאֵל רֶעדְט נִישְׁט שֵׁיין צוּ זַיין יוּנְגֶערֶער בְּרוּדֶער. דֶערְנָאךְ שְׁפִּיל עֶס אוֹיס נָאכְאַמָאל אוּן מַאךְ אַז דָנִיאֵל נֶעמְט זִיך אָן פַאר זַיין בְּרוּדֶער, כָאטְשׁ עֶר וָואלְט עֶנְדֶערְשׁ גֶעגַאנְגֶען מִיט זַיינֶע חֲבֵרִים.

5) שֵׁיינְדִי רוּפְט טוֹיבִּי מִיט אַ צוּנָאמֶען און טְשֶׁעפֶּעט אִיר.

שְׁפִּיל אוֹיס דִי סְצֶענֶע אִין וֶועלְכְן אַ חֲבֶר׳טֶע זִיצְט דָארְט און זִי שְׁוַוייגְט. דֶערְנָאךְ שְׁפִּיל עֶס אוֹיס נָאכְאַמָאל און מַאךְ אַז דִי מֵיידְלֶעךְ נֶעמֶען זִיךְ אָן פַאר טוֹיבִּי.

6) נְתַנְאֵל טְשֶׁעפֶּעט חַיִים און טוּט אִים וויי. חַיִים דֶערְצֵיילְט פַאר דֶעם רֶבִּי׳ן אַז נְתַנְאֵל טְשֶׁעפֶּעט אִים, און דִי גַאנְצֶע קְלַאס רוּפְט אִים "אַ מָסוֹר קֶעצְל".

שְׁפִּיל אוֹיס דִי סְצֶענֶע אִין וֶועלְכְן נְתַנְאֵל רוּפְט חַיִים אַ מָסוֹר קֶעצְל און דִי גַאנְצֶע קְלַאס שְׁווייגְט און הַאלְט מִיט, דֶערְנָאךְ שְׁפִּיל עֶס אוֹיס נָאכְאַמָאל און מַאךְ אַז אֵיין יוּנְגְל נֶעמְט זִיךְ אָן פַאר חַיִים.

7) דִי קְלַאס טוּט אַ גֶעווִיסֶע אַקְטִיווִיטֶעט אִין עֶס זַאל. חַוִי קוּמְט אָן שְׁפֶּעט, און זִי זֶעט ווִי אַלֶע אִירֶע חֲבֶר׳טֶעס זִיצְן צוּזַאמֶען און עֶס אִיז נִישְׁטָא קֵיין פְּלַאץ פַאר אִיר. קוּקְנְדִיג אוֹיף דֶעם טִישׁ, זֶעט זִי רִיקִי, וֶועלְכֶע אִיז נִישְׁט בֶּאֱמֶת אַ חֵלֶק פוּן דִי גְרוּפֶּע. חַוִי זָאגְט נִישְׁט שֵׁיינֶע ווֶערְטֶער פַאר רִיקִי און הֵייסְט אִיר זִיךְ זֶעצְן בַּיי אַן אַנְדֶער טִישׁ צוּזַאמֶען מִיט אִיר גְרוּפֶּע.

שְׁפִּיל אוֹיס דִי סְצֶענֶע ווִי חַוִי רֶעדְט נִישְׁט שֵׁיין צוּ רִיקִי און דִי אַנְדֶערֶע מֵיידְלֶעךְ שְׁוַוייגְן. דֶערְנָאךְ שְׁפִּיל עֶס נָאכְאַמָאל אוֹיס און מַאךְ ווִי דִי אַנְדֶערֶע מֵיידְלֶעךְ נֶעמֶען זִיךְ אָן פַאר רִיקִי.

8) רָחִי הָאט גֶעבְּרֶענְגְט אַ גוּטֶע נַאשׁ פַאר רִיסֶעס. אַ מֵיידְל הָאט אִיר גֶעבֶּעטְן אַבִּיסְל און רָחִי הָאט אִיר גֶעגֶעבְּן. נָאכְדֶעם הָאט גִיטִי גֶעוָואלְט אַבִּיסְל פוּן דִי נַאשׁ אָבֶּער רָחִי הָאט אִיר נִישְׁט גֶעוָואלְט גֶעבְּן. שְׁפֶּעטֶער הָאבְּן אַנְדֶערֶע מֵיידְלֶעךְ אוֹיךְ גֶעבֶּעטְן פוּן דִי נַאשׁ און רָחִי הָאט זֵיי גֶעגֶעבְּן, אָבֶּער זִי ווִיל גָארְנִישְׁט גֶעבְּן פַאר גִיטִי.

שְׁפִּיל אוֹיס דִי סְצֶענֶע בִּשְׁעַת רָחִי׳ס חֲבֶר׳טֶעס שְׁטֵייעֶן אִין דֶער זַייט און טוּעֶן גָארְנִישְׁט. דֶערְנָאךְ שְׁפִּיל עֶס אוֹיס נָאכְאַמָאל און מַאךְ אַז אֵיין מֵיידְל נֶעמְט זִיךְ אָן פַאר גִיטִי.

9) דִי לֶערֶערִין רוּפְט אוֹיס אַז יֶעדֶע מֵיידְל זָאל זִיךְ טְרֶעפְן אַ שׁוּתָּף צוּ אַרְבֶּעטְן אוֹיף אַ פְּרָאיֶעקְט. בְּלוּמִי בֶּעט רֶעכִי צוּ אַרְבֶּעטְן מִיט אִיר, נִישְׁט ווִיסְנְדִיג אַז רֶעכִי הָאט שׁוֹין אוֹיסְגֶעקְלִיבְּן אַ שׁוּתָּף, חָמִי. אָבֶּער אַזוֹי ווִי בְּלוּמִי אִיז מֶער אַ פָּאפּוּלֶערֶע מֵיידְל, אִיז רֶעכִי מַסְכִּים צוּ אַרְבֶּעטְן מִיט בְּלוּמִי, און שְׁפֶּעטֶער גֵייט זִי און זָאגְט אָפּ חָמִי.

שְׁפִּיל אוֹיס דִי סְצֶענֶע און מַאךְ ווִי בְּלוּמִי קוּקְט זִיךְ צוּ שְׁוַוייגְנְדִיג ווִי רֶעכִי זָאגְט אָפּ חָמִי, דֶערְנָאךְ שְׁפִּיל עֶס נָאכְאַמָאל אוֹיס און מַאךְ ווִי בְּלוּמִי נֶעמְט זִיךְ אָן פַאר חָמִי.

10) מֶען שְׁפִּילְט "גַלְחִים" און עֶס אִיז דִי רֵייעֶ פוּן חֲנוֹךְ. יֶעדֶער ווֵייסְט אַז חֲנוֹךְ אִיז אַ שְׁוואכֶער שְׁפִּילֶער, און עֶר ווֶעט נִישְׁט קֶענֶען גֶעווִינֶען דֶעם גֶעיִם פַאר זַיין "טִיעם". חֲנוֹךְ פַאלְט דוּרְךְ און יוֹאלִי גֵייט צוּ צוּ אִים און טְשֶׁעפֶּעט אִים און מַאכְט חוֹזֶק אַז עֶר קֶען נִישְׁט גוּט שְׁפִּילְן.

שְׁפִּיל אוֹיס דִי סְצֶענֶע ווִי דִי קִינְדֶער קוּקְן זִיךְ צוּ שְׁטִילֶערְהֵייט ווִי יוֹאלִי טְשֶׁעפֶּעט חֲנוֹךְ, דֶערְנָאךְ שְׁפִּיל עֶס אוֹיס נָאכְאַמָאל און מַאךְ אַז אֵיין קִינְד נֶעמְט זִיךְ אָן פַאר חֲנוֹךְ.